헤맨
만큼

내 땅이다

함께 들으면 좋은 OST
류이치 사카모토 - Shining Boy & Little Randy

헤맨 만큼 내 땅이다

김상현 에세이

필름

Prologue

당신의 이야기는 무엇입니까

정답이 없는 세상에서,
나만의 답을 찾아가는 당신에게

어디로 가야 할지 몰라 불안하고, 무엇을 해야 할지 몰라 막막한 시대입니다. 세상은 끊임없이 '정답'을 요구하지만, 우리 손에 쥐어진 것은 일의 의미는 무엇인지, 어떻게 해야 성장할 수 있는지, 이토록 빠르게 변하는 세상에서 나는 대체될 수 없는 존재가 될 수 있을지와 같은 수많은 '질문'뿐입니다.

제게도 어느 날 문득, 모든 것이 버겁게 느껴지는 순간이 있었습니다. '나는 지금 어디로 가고 있는 걸까?', '무엇을 위해 이토록 애쓰는 걸까?' 꼬리에 꼬리를 무는 질문들 앞에서 한없이 작아지던 밤이었습니다. 세상은 정답을 향해 달려가라고 하는데, 제 손에 쥐어진 것은 안개 같은 막막함뿐이었죠.

이 책에는 그 막막함 속에서 길을 잃고, 넘어지고, 기꺼이 헤매었던 저의 이야기가 담겨 있습니다. 아무것도 없던 텅 빈 공간을 채워나가기 시작한 순간, 저는 무언가를 만드는 것의 벅찬 기쁨을 맛보았고, 출판사들로부터 70번도 넘게 원고를 거절당했음에도 '좋아하는 마음' 하나로 다시 키보드 위에 손을 올렸습니다.

솔직히 고백하자면, 그 과정은 확신보다 흔들림의 연속이었습니다. 화려한 배경 하나 없이 세상에 부딪혀야 했던 시간들이었습니다. 하지만 그 과정에서 정답을 찾는 일보다 중요한 건, '나만의 질문'을 멈추지 않는 것임을 깨달았습니다. 그 치열했던 고민의 시간이야말로, 누구도 흉내 낼 수 없는 나만의 '결'을 빚어주었으니까요. 그래서 이제는 어디엔가 '도착'하려 애쓰지도 목적지를 향해 급히 서두르지도 않습니다. 헤매고 방황했던 그 모든 길이 결국은 나의 땅이 되었듯, 지금 이 순간 자체가 내가 원하던 여정임을 압니다.

저는 이 책에 감히 정답을 담지 않았습니다. 대신, 당신이 스스로의 답을 찾아갈 수 있도록 제가 먼저 겪었던 실수와 깨달음, 그리고 비틀거렸던 걸음들을 용기 내어 보여드리려 합니다. '일을 잘한다는 것'에 대한 저만의 정의부터, '하고 싶은 일'을 '나의 업'으로 만들어온 네 가지 키워드와 이상과 현실의 아찔한 외줄 위에서 균형을 잡는 법, 그리고 모든 것이 대체될지 모른다는 불안 속에서도 우리가 지켜야 할 단 하나의 가치까지 말입니다.

혹시 지금, 끝이 보이지 않는 고민의 터널을 홀로 걷고 있나요? 괜찮습니다. 당신은 실패하고 있는 것이 아니라, 세상에서 가장 단단하고 아름다운 당신만의 서사를 벼려내는 중입니다. 부디 이 책이 당신의 오랜 고민에 건네는 따뜻한 응원이자, 당신만의 고유한 이야기를 써 내려갈 작은 용기가 되기를 바랍니다.

결국 우리는 매일의 삶으로 증명하고 있으니까요. 평범하고도 위대한 반복이 우리의 '업(業)'을 만든다는 사실을요.

Contents

Prologue	4
무언가를 만들어낸다는 것의 기쁨	14
하고 싶은 일을 찾는 방법	26
나를 채우는 인풋에 관하여	37
포기하지 말길!	48
일을 잘한다는 것의 진짜 의미	55
브랜딩과 나	69
재능과 인정	78
103kg의 공허	89
행복이란 무엇인가	120
적당한 야망과 높은 행복 사이에서	131
고민해 본 자들의 특권	140
변명 대신 책임을 택하는 자세	150
과거의 나에게 빈다	157
일, 성장, 그리고 대체 불가능한 존재	163
삶은 어떤 형식으로 빚어지는가	182
변화에 관하여	194
거대한 변화 속, 나의 아젠다	205
오래오래 지속할 수 있는 일	216
Epilogue	240

헤맨 만큼

———————————— **내 땅이다**

무언가를
만들어낸다는 것의 기쁨

저는 지금 원고를 쓰기 위해 카페 공명 연남점에 와 있습니다. 7년 전 만들어진 이 공간은 저에게 너무도 익숙하면서도, 이제는 조금씩 흠이 보이기도 하는 곳입니다. 바닥, 천장, 책장, 디저트 매대, 바, 스피커, 그리고 가구까지. 모든 것을 직접 선택하고, 배치하고, 결정한 공간인 만큼 애정이 깊지만, 이제는 세월의 흔적들이 선명하게 보이는 공간이기도 합니다. 그런 공간에 아주 오랜 시간 앉아 원고를 매만집니다.

앉은 후 처음 몇 시간 동안은 시간이 어떻게 가는지, 어떤 사람이 오고 가는지 모를 정도로 몰입했습니다. 퇴근하겠다는 스태프의 말에 정신을 차리고 보니 어느덧 저녁 시간입니다. 문득 고개를 들어 공간을 채우고 있는 사람들을 가만히 살핍니다. 저처럼 작업을 하러 온 사람, 밀린 수다를 나누러 온 사람, 여행을 온 사람, 소개팅을 하러 온 사람……. 정말 다양하고 많은 이들이 이 공간을 저마다의 이야기로 채워주고 있습니다.

오늘 아침에 구운 빵과 방금 내린 커피 한 잔을 음미하며 자신의 시간을 보내는 이들을 보고 있자니, 마음속에서 여러 감정이 교차합니다. 이 공간에서 저는 직업적으로 오늘 만든 빵의 퀄리티는 괜찮은지, 방금 내린 커피 추출은 괜찮았을지, 청소 상태는 꾸준하게 잘 유지되고 있는지 살피지만, 지금 드는 이 감정의 소용돌이는 그것과는 다릅니다. 그 모든 것을 넘어, 너무나도 신기하고 벅찬 감정이 밀려들어 옵니다.

아랫배 단전부터 목 끝까지 뜨겁게 차오르는 이 감정과 기분. 굳이 이름을 붙이자면 '감사함과 벅차오름이 적절한 비율로 버무려진 기쁨'이자, 한 단어로 정의하면 '뿌듯함' 정도로 표현될 것 같습니다.

처음, 이곳에 아무것도 없었던 텅 빈 공간이었을 때를 기억합니다. 이곳을 운영하며 부족한 것들을 꾸준히 채워 넣던 순간들을 기억합니다. 바쁘게 움직이는 직원들과 저마다의 사연으로 자리를 꽉 채운 사람들을 기억합니다.

무언가를 만드는 것의 기쁨에 무던해질 때쯤이면, 저는 늘 제가 만들어낸 것들에 머물고,

그것들을 어루만지며 과정을 떠올립니다. 세상에 아예 없던 것들, 제 머릿속에만 있던 것들과 누군가의 마음속에만 있던 것들을 보이는 형태로, 만질 수 있는 형태로, 읽고 들을 수 있는 형태로 빚어내는 일입니다.

성공이라는 말에 따라오는 수치와 성과, 성장과 확장, 지속 가능성만을 바라보면 이러한 기쁨을 느끼기 어려워집니다. "숫자 뒤에 사람 있어요." 저는 이 말을 다시금 되뇌며 지금의 벅찬 감정을 더 깊이 느껴봅니다.

벅차오름을 느끼는 것도 잠시, 또다시 말을 걸어오는 수많은 사람들을 마주하게 됩니다. 처음엔 감사함으로, 모든 것을 경청하는 마음으로 들었습니다. 하지만 한 명이 열 명이 되고, 열 명이 백 명이 되자 깨달았습니다. 저마다의 의견을 더하다 보면 결국 아무것도 아닌 것이 된다는 것을요. 고유의 색깔을 잃고 방향은 산으로 가게 되는 셈이죠. 그렇다면 어떻게 소중한 고유성을 지켜낼 수 있을까요? 쏟아지는 의견의 홍수 속에서 제 것을 지키려면, 외부의 목소리가 아닌 내면의 기준점을 단단히 붙잡아야 합니다.

일본의 전설적인 스시 장인 오노 지로는 평생을 완벽한 스시 한 점을 만드는 데 바쳤습니다. 세상의 유행이나 고객의 다양한 요구에 흔들리지 않고 오직 자신의 철학을 따랐습니다. 그 결과, 그의 작은 가게는 수많은 미식가들이 순례처럼 찾는 공간이 되었습니다. 화려함이 아닌 '진정성'의 힘입니다. 실제로 여러 소비자 심리학 연구는 소비자들이 '진정성'을 느끼는 브랜드에 훨씬 강한 신뢰와 유대감을 형성한다고 말합니다. 결국 고유함을 지킨다는 것은, 모두를 만족시키려는 욕심을 버리고 나만이 할 수 있는 이야기에 집중하는 용기입니다. 그 용기야말로 타인이 결코 흉내 낼 수 없는 강력한 힘이 됩니다.

누가 묻지도 않았는데, 간혹 자신의 전문 지식을 뽐내는 사람들을 종종 보게 됩니다. 비단 제가 종사하는 업뿐만 아니라 사람이 하는 일이라면 어디서든 겪을 수 있는 일입니다. 하지만 그 사람이 정말로 그 분야에 통달한 사람은 아닐 것입니다. 사람은 누구나 자신이 겪어본 수준, 들어본 수준으로만 말할 수 있기 때문입니다. 직접 해본 사람, 일정 레벨 이상 겪어본 사람, 그 과정을 속속들이 알고 있는 사람은 오히려 가만히 있습니다. 해봤기 때문입니다.

그 침묵의 의미를, 오직 만들어본 사람만이 아는 희열의 무게를 저는 압니다. 하버드 비즈니스 스쿨의 마이클 노튼(Michael Norton) 교수가 명명한 '이케아 효과(IKEA Effect)'라는 것이 있습니다. 사람들은 자신이 직접 조립하거나 제작에 참여한 물건에 훨씬 더 높은 가치를 부여하고 애착을 갖게 된다는 심리 효과입니다.

서툰 솜씨로 만든 가구가 비싼 명품 가구보다 더 소중하게 느껴지는 이유는, 그 안에 자신의 땀과 시간, 노력이 고스란히 녹아 있기 때문입니다. 이 공간의 작은 흠집 하나, 닳아버린 의자 모서리 하나가 저에게는 훈장처럼 여겨지는 이유입니다. 그것은 살아 있는 공간이라는 증거이며, 제 노동이 빚어낸 사랑의 결과물입니다. "무언가를 창조하려는 욕망은 인간 영혼의 가장 깊은 갈망 중 하나다"라는 디터 F. 우흐트도르프(Dieter F. Uchtdorf)의 말처럼, 창조는 단순한 행위를 넘어 영혼을 채우는 과정입니다.

그렇다면 저는 왜 이 일을 하는 걸까요? 후회 없는 삶을 위해서입니다. 이 일이 저를 바꾸어 주었기 때문에 합니다. 365일, 24시간 내내 생각해도 하나도 지루하지 않습니다. 늘 더 잘하고 싶고, 더 큰 자부심을 느끼고 싶습니다.

늘 부족함을 느끼고 새로운 것을 추구하지만 막상 새로운 것 앞에서는 두려움이 앞서게 됩니다. 그럼에도 불구하고 내딛는 한 걸음의 가치와, 거기서 오는 모든 감정과 짜릿함, 뿌듯함을 누구보다 잘 알고 있습니다. 원동력 같은 건 없습니다. 이상과 현실의 낙차에서 오는 진흙밭을 구르고, 결과가 좋지 않아도 그저 해맑게 웃으며 '즐겁다'고 말하는 것뿐입니다. 실제로도 그렇습니다.

아무것도 모르는 철부지였던 저를, 읽고 들

고 먹고 마시는 것들이 한순간에 바꾸어 놓았습니다. 어떨 때는 한 문장이, 어떨 때는 커피 한 모금이, 어떨 때는 인터뷰 속 이야기가 누군가의 심장에 꽂혀 삶을 두근거리게 만듭니다. 삶이란 어쩌면 아주 의미 없는 것들이 죽을 때까지 반복되는 것일지도 모르지만, 그 안에서 의미를 찾은 이들은 매일을 충만하게 보낼 수 있게 됩니다. 짜증 나고, 하기 싫고, 때려치우고 싶고, 때로는 죽는 게 낫지 않을까 하는 순간도 분명 오겠지만, 의미를 찾은 이들에게는 그것 또한 과정 중 하나로, 담금질 정도로, 고통의 한 부분으로 받아들일 수 있는 마음이 생깁니다.

저는 그래서 이 일이 좋습니다. 노력한 것에 비해 쥐꼬리만 한 보상이 주어지더라도 찬란한 미래보다 암울한 현실이 더 커 보일지라도 제 이야기로, 제가 펴낸 말들로, 제가 계획한 공간에

온 모든 이들이 삶의 어떤 순간에 아주 일부라도 긍정적인 영향을 받았다는 그 사실 하나가 저를 움직이게 만듭니다. 그때마다 늘, 온몸에 전율이 돋습니다. 어떨 땐 눈물이 왈칵 쏟아지기도 합니다. 주책이라고 할지도 모르지만, 이 모든 과정과 기쁨을 한 치의 오차도 없이 온몸으로 받아낸 제가 가장 당당하게 느낄 수 있는 일의 기쁨입니다.

무언가 만들어내는 이 기쁨을, 당신도 느껴보시기를 바랍니다. 수많은 훈수에도 굴하지 말고 나아가시기를 바랍니다. 해보면 알게 됩니다. 그리고 느낄 수 있습니다. 세상 어디서도 느껴보지 못한, 아랫배부터 목 끝까지 차오르는 그 벅찬 감정을 말이죠. 바라건대, 그 감정에 당신만의 단어로 애틋하게 이름을 불러줄 수 있기를 바랍니다.

무언가를 만들어보면, 만들어진 것들을 바라보는 관점이 달라집니다. 관점이 달라지면 세상이 달라집니다. 세상은 늘 그대로 있지만, 관점 하나로 수많은 것들이 새롭게 포착됩니다. 그리고 그것은 '기회'라는 이름의 선물로 다시 찾아오게 됩니다.

삶이란 어쩌면
아주 의미 없는 것들이
죽을 때까지 반복되는
것일지도 모르지만,

그 안에서 의미를 찾은 이들은
매일을 충만하게
보낼 수 있게 됩니다.

하고 싶은 일을
찾는 방법

"하고 싶은 일을 하고 싶다"라는 말. 누구나 한 번쯤은 해봤을 이 독백은 사실 거대한 질문의 시작일 뿐입니다. 진짜 이야기는 그 일을 어떻게 찾아가는지, 그리고 어떻게 견디는지에 있습니다. 저는 이 지난한 과정을 네 개의 단어로 요약하곤 합니다. 제 삶을 통과하며 얻어낸 일종의 '체감 공식'입니다.

경험 → 좋아함 → 몰입 → 사랑

경험

처음부터 이 모든 단계를 꿰뚫어 보는 사람은 없습니다. 모든 것은 언제나 첫 번째 단계, '경험'이라는 낯선 문을 여는 것에서부터 시작됩니다.

많은 이들이 하고 싶은 일이 없다고 말하지만, 제 생각에 그건 경험이 부족해서일 가능성이 큽니다. 제가 무엇에 웃고 무엇에 눈물 흘리는 사람인지 알려면, 일단 해보는 수밖에 없습니다.

고등학생 시절, 저는 노래방에 미쳐 공부는 뒷전으로 미뤘고, 대학에 가서는 남들이 하니까 덩달아 취업 준비에 뛰어들었습니다. 그때의 저는 제가 뭘 좋아하는지, 뭘 하고 싶은지 전혀 몰랐습니다. 그저 세상이 정해준 트랙 위를 불안하게 달리는 선수 같았습니다.

모든 것을 멈추게 한 것은 〈잉여들의 히치하이킹〉이라는 다큐멘터리 영화 한 편이었습니다. 그날 저는 처음으로 "나는 뭘 좋아하지?"라는 질문을 스스로에게 던졌습니다. 답을 찾기 위해 페이스북에 '사람 소리 하나'라는 페이지를 열었습니다. 처음엔 사람들의 고민을 들어주려 했지만, 정작 고민은 오지 않았습니다. 그래서 저는 직접 고민을 만들고 답하며 놀기 시작했습니다. '사람들은 어떤 생각을 할까?' 이 질문을 멈추지 않는 것, 이것이 저에게는 세상을 향한 첫 실험이었습니다.

이와 비슷한 시도로, 군대에 있을 때 저는 전역만 하면 뭐든 할 수 있을 것 같은 막연한 열망에 사로잡혀 있었습니다. 근무가 끝나면 밤새도록 혼자 글을 썼고, 이런저런 사업 구상을 했습니다.

당시엔 "이걸로 먹고살아야지"라는 믿음이 있었지만, 지금 돌이켜 보면 그건 진짜 확신이 아니라 방향 잃은 순수한 간절함이었습니다. 저는 일단 부딪혀봐야 했습니다. 제가 정말 글쓰기를 좋아하는지, 사람들과 소통하는 일을 견딜 수 있는지. 경험은 그래서 소중합니다. 좋아함의 출입구는 늘 그렇게 예측 불가능한 경험으로 연결되어 있습니다.

좋아함

경험은 그렇게 불쑥, 예고 없이 '좋아함'의 감정을 싹틔웁니다. 일단 좋아하게 되면, 그 일은 돈이나 명예 같은 대가 없이도 계속하게 됩니다. 공모전에서 수십 번 떨어지고, 70곳이 넘는 출판사에서 원고를 거절당했을 때도 저는 글을 썼습니다. 수중에 돈 한 푼 없던 시절, 비난과 조롱을 들어가며 휴대폰 케이스에 짧은 글귀를 새겨

팔면서도 계속했습니다. 글이 좋아서, 써야 해서, 어떻게든 글을 쓰고 싶었기 때문이었습니다. 그 일이 돈이 되지 않아도 괜찮았습니다. 누군가 제 글을 읽고 웃거나, 울거나, 고맙다고 말해주는 것만으로 충분했습니다.

좋아하는 일 자체를 즐기는 순수한 기쁨. 이것이야말로 다음 단계로 나아갈 수 있는 가장 강력한 연료입니다. 성과 없이도 기꺼이 반복할 수 있는 상태, 그것이 '좋아함'의 본질입니다.

몰입

그렇게 좋아하는 일을 반복하다 보면, 어느 순간 시간이 증발하는 기묘한 체험을 하게 됩니다. 바로 '몰입'의 경지입니다. 빚더미에 앉아서도 글을 썼고, 카페를 열겠다며 도면을 수십 번 그렸다 지우기를 반복했으며, 책 한 권을 기획하고 만들기 위해 팀원들과 매일 밤을 새웠습니다. 그때는 하루 세 끼가 무엇인지, 점심시간 한 시간이 얼마나 긴 시간인지 잊고 살았습니다.

심리학자 미하이 칙센트미하이(Mihaly Csikszentmihalyi)는 이런 최적의 경험을 '플로우(Flow)'라고 명명했습니다. 몰입의 시간이 겹겹이 쌓이자, 신기하게도 제 일에는 저만의 '결'이 생기기 시작했습니다.

그러다 누군가 "이건 딱 김상현 느낌이네"라고 말해주었는데, 이 말은 흩어져 있던 저의 작업과 말과 브랜드를 하나로 꿰어주는 힘이 되었습니다. 몰입은 제 안의 가능성을 끌어모아 세상에 없는 형태를 만들어가는 과정입니다. 그것은 평범함과 탁월함을 가르는 경계가 되고, 몰입이 중첩될수록 남들과 자신을 가르는 명확한 지점이 됩니다.

사랑

경험, 좋아함, 몰입까지의 흐름은 꽤 낭만적입니다. 하지만 저는 마지막 단계인 '사랑'에 대해서만큼은 지극히 현실적인 이야기를 하고 싶습니다. 그 일을 진심으로 사랑하려면, 그 일로 돈을 벌 수 있어야만 합니다. 즉, 돈이 되어야 한다는 이야기입니다.

속물처럼 들릴지 모르지만, 이것은 제 삶이 가르쳐 준 가장 중요한 진실입니다. 사랑은 마냥 좋은 감정이 아닙니다. 사랑은 기쁨만이 아니라 의무와 책임까지 끌어안는 감정이기 때문입니다. 그 일이 죽도록 하기 싫을 때도 해야 하고, 손해를 감수해야 할 때도 버텨야 하며, 증오가 치밀어도 끝까지 책임져야 한다는 뜻입니다.

이 숭고하고도 지긋지긋한 책임을 다하려면, 결국 그 일이 저를 먹여 살려야 합니다. 제 삶 전체를 지탱할 수 있어야 합니다. 그렇지 않으면 아무리 뜨겁게 좋아했던 일도 차가운 현실 앞에서 서서히 빛을 잃고 맙니다.

여기서 중요한 분기점이 생깁니다. 만약 당신이 몰입할 만큼 좋아하는 일이 돈이 되지 않는다면 어떻게 해야 할까요? 억지로 '사랑'의 단계로 끌고 가려 애쓰다가는 그 소중한 감정마저 재가 되어버릴 수 있습니다.

그럴 땐 과감히 아름다운 취미로 남겨두는 지혜가 필요합니다. 제 삶을 책임지는 '업'이 아니라, 제 삶을 풍요롭게 하는 '곁'으로 두는 것입니다. 모든 좋은 것을 직업으로 삼을 필요는 없습니다. 삶을 윤택하게 하는 멋진 곁가지로 남겨둘

때, 우리는 더 행복해질 수 있습니다.

경험으로 문을 열고, 좋아함으로 불을 붙이고, 몰입으로 결을 만들고, 사랑으로 생활을 책임지는 일. 이것이 제가 '하고 싶은 일'을 '저의 업'으로 만들어온 여정입니다.

지금도 저는 늘 자문합니다. '이건 지금 어디쯤 와 있는 감정일까?' 어떤 일은 사랑했다가 다시 좋아함으로 내려오기도 하고, 어떤 일은 여전히 경험의 단계에 머물러 있습니다. 그래도 괜찮습니다. 이 네 단계를 오가며 저는 제 일을, 그리고 제 삶을 점점 더 저의 것으로 만들고 있으니까요.

하고 싶은 일은 어느 날 갑자기 떨어지는 행운이 아닙니다. 결국 계속되는 실천과 감정의 진화 속에서 만들어지는 것입니다. 가끔 흔들려도 저는 오늘 한 줄 더 쓰고, 커피 한 잔을 더 내리고, 한 번 더 글을 다듬습니다. 그 평범하고 위대한 반복이 결국 우리의 업을 만든다는 사실을, 우리는 매일의 삶으로 증명하고 있다는 걸 알고 있기 때문입니다.

경험 → 좋아함 → 몰입 → 사랑

나를 채우는
인풋에 관하여

어떤 새로운 영역에 발을 들일 때 우리는 보이지 않는 저항에 부딪히곤 합니다. 사람들은 대개 자신의 분야에 들어서는 사람을 향해 자신도 모르게 경계심을 내비치곤 합니다. "그건 네 자리가 아니야"라고 직접적으로 말하는 사람도 있고, 말로 하지는 않아도, 자신만의 영역을 지키기 위해 무의식적으로 새로운 사람들을 배척하기도 합니다. 물이 기름을 밀어내듯, 이미 굳어진 질서 속의 사람들은 자신들의 조화와 흐름을 방해하는 낯선 기운을 본능적으로 밀어내려 합니다.

특히 그 분야가 소수에게만 허락되고, 오랜 역사와 명성을 중시하는 곳일수록, 보이지 않는 뿌리처럼 얽힌 그들만의 규칙은 더욱 견고합니다. 열정을 가지고 진심으로 다가가더라도, 오히려 동종 업계로부터 견제, 시기, 질투를 받으면 더 큰 좌절감을 느끼기도 합니다. 그러면서 자연스레 자신이 틀린 길을 가고 있는 것은 아닌가 하는 불안한 마음이 들기도 합니다. 그러나 그 불편한 시선을 견디지 못하고 물러난다면, 결국 그 세계에 뿌리를 내릴 기회조차 얻지 못하게 됩니다.

저 역시도 새로운 일에 도전할 때마다 그런 벽을 느꼈습니다. 사업가가 되었을 때, 그리고 작가로 나섰을 때, 주변의 시선은 따뜻한 환영이 아닌 차가운 의심에 가까웠습니다. 하지만 시간이 지나 꾸준함으로 답하자, 차가웠던 반응이 서서히 누그러졌습니다. 물론 운이 좋아서 이렇게 된 것일 수도 있지만, 결국 세상은 완전히 닫혀 있지 않았습니다. 타인의 냉대를 신경 쓰는 것이 아니라, 자신의 진심을 믿고 나아갔더니 어느새 그 영역의 전문가가 되어 있던 것입니다.

물론 강연과 같은 공식적인 자리에서 누군가 저의 시작에 대해 물었을 때, 그저 "어쩌다 보니 이렇게 되었습니다"라고 대답할 수는 없는 노릇입니다. 하지만 그 본질을 파고들면, 저는 언제나 그 분야의 입장에서 볼 때 명백한 기름과 같은 존재, 즉 '아웃사이더'였던 셈입니다.

정통의 길을 밟아온 것이 아니라, 어느 날 갑자기 나타나 그들의 영역을 기웃거리는 낯선 존재였을 것입니다. 말마따나 등단한 작가도 아닐뿐더러, 출판이라는 업을 지속해서 이어온 사람도 아닌 데다가, 카페 관련된 일이라고는 아르

바이트뿐인 터라, 그 어디에도 내놓을 만한 이렇다 할 능력이 없었음에도 꾸역꾸역 제가 하는 일을 여러 방면으로 알리고자 하니, 분야에 속해 있는 사람들은 더더욱 거부감이 느껴지지 않았을까 합니다.

하지만 바로 그 '아웃사이더'라는 정체성이 역설적으로 저를 지금껏 버티게 한 힘이 되었는지도 모릅니다. 정해진 규칙이나 관습에 얽매이지 않았기에, 오히려 더 자유롭게 상상하고, 더 과감하게 실행할 수 있었습니다. 처음부터 환영받지 못할 것을 알았기에, 타인의 시선이나 평가에 일희일비하기보다 제 자신의 생존과 증명에 더 집중할 수 있었습니다. 어쩌면 그 끈질김만이 제가 가진 유일한 무기였을지도 모릅니다.

이제는 어떤 대단한 성취를 이룬 사람을 봐

도 예전처럼 쉽게 부러워하거나, 함부로 위축되지 않습니다. 저는 본래 워낙 겁도 많고, 예민한 성격에, 낯도 많이 가리는 사람입니다. 그래서 그다지 많은 사람을 만나고 다니지는 않지만, 이제는 그 누구를 만나더라도 불필요하게 위축되지 않습니다. 그 사람의 화려한 겉모습이나 직함, 그가 이룬 결과물에 압도당하는 대신, 그 사람 내면에 숨겨진 서사를 발견하려고 노력합니다. 그가 가진 특별한 장점을 보고, 그것이 어떤 방식으로 사람들에게 알려지고 닿게 되었는지가 궁금할 뿐입니다.

결국 사람 사는 것은 다 거기서 거기라는 것을, 시간이 지날수록 더욱 명확하게 깨닫고 있습니다. 다만, 자신의 고유한 능력을 스스로 발견하고, 그것을 포기하지 않고 꾸준히 실력으로 연마하고, 적절한 시기에 사람들에게 발견되고(발견되게끔 만들고), 그리고 가장 중요하게는, 그 일을 아주 긴 시간 동안 지속할 수 있는 힘을 가졌다는 것. 이 단계별 포인트가 그 사람을 특별하게 만들었을 뿐이라고 생각합니다.

우리는 종종 누군가의 폭발적인 성공을 보며 그것이 단 한 번의 운이나 재능 덕분이라고 치부해 버리고 맙니다. 하지만 그 이면을 자세히 들여다보면, 그 운을 잡을 수 있을 때까지 버텨낸 무수한 시간과, 그 재능이 빛을 바래지 않도록 끊임없이 닦아온 성실함이 반드시 존재합니다. 그것을 알게 된 이상, 타인의 성과에 주눅 들기보다는 나의 서사를 묵묵히 써 내려가는 것에 더 집중하게 됩니다.

그렇다면 그 서사를 어떻게 써 내려가야 하는지, 그 실력은 어떻게 연마해야 하는지가 중요합니다. 저는 그 시작이 '채워 넣는 일'에 있다고 확신합니다. 우리는 무엇이든 소비하는 시대이자, 동시에 누구나 무엇이든 공급할 수 있는 시대에 살고 있습니다. 정보와 콘텐츠가 홍수처럼 밀려오는 이럴 때일수록 역설적으로 중요한 것이 바로 '나'라는 그릇을 의식적으로 '채워 넣는 일'입니다.

인생의 거의 대부분은, 그리고 우리가 창조하는 모든 것은 결국 기존에 존재하던 것들의 '조합'과 '조화'입니다. 완벽하게 새로운 '무(無)'에서 '유(有)'를 창조하는 일은 신의 영역에 가깝습니다(천재로 불리는 몇몇 사람들이 세상을 바꾸는 이유이기도 하다는 생각입니다).

결국 보통의 인간이 할 수 있는 최선은, 이미 존재하는 것들을 나만의 시각으로 새롭게 엮

어내는 일입니다. 그렇기에 내 안에 채워진 인풋이 없다면, 우리는 금방 고갈되고 말 것입니다. 자신의 과거 경험만을 반복해서 우려내는 자기복제에 빠지거나, 심하게는 타인의 것을 무단으로 가져오는 표절의 유혹에 빠지기 쉬워지는 것이죠.

당장 꺼내 쓸 만한 것이 아닐지라도, 언젠가 어떻게 쓰일지 모를지라도, 우리는 계속해서 채워 넣어야 합니다. 기억과 인풋은 인간의 소화기관과는 다르게, 섭취하는 즉시 사라지는 것이 아니라 어딘가에 차곡차곡 쌓여 있습니다. 그리고 그것들은 무의식의 창고에서 잠자고 있다가, 어떤 결정적인 기점, 어떤 강렬한 자극과 만났을 때, '펑' 하고 터져 나오며, 새로운 조합을 만들어냅니다.

이것이 바로 창의성의 본질일 것입니다. 그러니 우리는 늘 좋은 것들을 보고, 듣고, 먹고, 마셔야 합니다. 제가 말하는 '좋은 것'이란, 단순히 값이 비싼 명품이나 호화로운 경험을 말하는 것이 아닙니다.

나의 취향과 정확히 맞는 것, 나의 좁은 세계를 단 1밀리미터라도 넓혀줄 수 있는 것, 이 모든 것들이 결국 나라는 존재를 구성하는 재료가 된다고 믿으며 신중하게 선택하게 되는 것들을 말합니다. 그렇게 채워진 것들만이 언젠가 나를 증명하는 고유한 아웃풋이 되어줄 것입니다.

이렇게 내면을 채우는 동시에, 우리는 행동해야 합니다. 머릿속으로만 생각하는 것은 명백한 한계가 있기 마련입니다. 생각만 하다 끝이 날 수 있기 때문입니다. 뻔한 자기 계발서 같은 이야기라고 생각할 수도 있겠지만, 마음을 먹었으면 그냥 하면 됩니다. 마음만 자꾸 먹으면, 마음에도 살이 쪄서, 더욱더 움직이기 힘들어지게 됩니다. 사실 안 될 건 진짜 없으니 말이죠.

인생의 거의 대부분은,
그리고 우리가 창조하는
모든 것은

결국 기존에 존재하던 것들의
'조합'과 '조화'입니다.

**포기하지
말길!**

　몇 년 전 오늘도 전국으로 강연을 하러 돌아다니고 있었습니다. 마침 이 글을 쓰는 오늘도 서울 강연을 마치자마자 영천과 진주에 강연이 있어 출장 중인데, 몇 년 전 오늘을 알려주는 게시물을 보며 공교롭다는 생각과 더불어 여러 가지 감정이 섞입니다.

　처음 사람들 앞에 서서 강연을 했던 날이 떠오릅니다. 머릿속에 있는 모든 것들을 꺼내어 보여주고 싶다는 마음으로 한 글자 한 글자 진심을 담아 강연 대본을 작성하고, 강연 전까지 수십 차례 대본을 외우고 연습했던 기억들.

첫 번째 강연은 그럭저럭 대본대로 잘 해냈다고 생각했습니다. 그리고 대구에서 맞이한, 저의 두 번째 강연.

100명이 훌쩍 넘는 사람들의 시선이 마치 거대한 파도처럼 저를 덮치는 듯한 부담감 때문이었을까요. 저는 만약의 사태를 대비해, 아니, 사실은 새하얗게 비어버릴 머릿속이 두려워 비장한 마음으로 손바닥 위에 '커닝 페이퍼'를 새겼습니다. 다른 건 다 잊더라도 '이 메시지만큼은 반드시 전하리라' 하는 다짐과 함께 말이죠.

그런데 하필 그날, 저는 공들여 고른 새하얀 바지를 입고 있었습니다. 문제는 제 손바닥의 펜

이 유성펜일 것이라는 굳건한 믿음과 달리, 수성펜이었다는 점입니다. 그 후의 상황은 상상이 가는 것 그대로 처참하게 펼쳐졌습니다.

100명이 넘는 사람들의 눈동자가 저를 향하는 순간, 머릿속은 약속이라도 한 듯 새하얗게 리셋되었습니다. 등줄기에서는 식은땀이 흘렀고, 손바닥은 긴장을 주체하지 못하고 축축하게 젖기 시작했습니다. 아, 그때 알아차려야 했습니다. 손바닥에 새겨둔 필승의 메시지들이 검은 눈물처럼 번져나가고 있다는 것을 말이죠.

그 검고 축축한 재앙을, 저는 무의식적으로 새하얀 허벅지에 쓱 닦아버렸습니다. 한 번, 그리고 또 한 번. 정신을 차렸을 때, 저의 흰 바지는 끔찍한 검은 얼룩으로 범벅이 된, 세상에 단 하나뿐인 '추상화'가 되어 있었습니다. 순백의 자부심은 검은 수치심으로 물들고 있었습니다.

시간이 멈춘 것 같았습니다. 무슨 말을 해야 할지, 이 얼룩진 바지를 어떻게 해야 할지, 머릿속은 그야말로 대혼돈이었습니다. 차라리 이 자리에서 증발해 버리고 싶다는 생각이 들던 바로 그 순간, 관객석에서 박수 소리가 터져 나왔습니다. 저는 그 박수 소리가 "괜찮다, 당황하지 마라, 응원한다"라는 목소리로 들렸고, 벼랑 끝에서 동아줄을 잡는 심정으로 마음을 가다듬고 간신히 강연을 마무리했습니다. 아직도 그때를 떠올리면 심장이 철렁 내려앉습니다.

강연 이후 당시 저를 보러 와주신 모든 독자님들에게 무한한 영광과 감사를 느끼며, 강연 뒤풀이에서 "응원해주셔서 감사합니다"라는 말을 수십 번 되뇌었던 기억이 새록새록 떠오릅니다.

강연에서 쩔쩔매고 난 이후, 저에게 눈에 띈 문장 하나가 있었습니다.

"코카콜라도 첫해엔 25병밖에 팔지 못했다. 포기하지 말길!"

저는 그 문장을 보고 '아 그렇지. 모든 처음은 다 그런 거지. 지금은 비록 아쉬운 모습들을 보였지만, 조금 더 노력해서 더 좋은 모습들을 보여줘야겠다' 싶은 마음이 굳건하게 들었습니다.

그 후 8년간 300번이 넘는 강연을 다니며 쌓인 경험치들이 웬만한 일에는 당황하지 않게 만들어주었고, 흰 바지를 블랙진으로 만든 이야기를 강연장에서 할 정도가 되었으니, 그때에 비하면 지금은 제법 그럴듯한 강연가가 되지 않았나 싶습니다.

학창 시절 너무 소심했던 탓에 발표를 하던 도중 울음을 터뜨리던 아이에서 지금의 감정을 느끼기까지, 저는 제가 겪어낸 저의 과정을 꽤나 사랑하고 있다는 생각이 듭니다. 저는 또 어떤 처음이라는 어려움을 마주하고 쩔쩔매고 있을까요. 또 어떤 저의 처음을 귀여워하고 애틋해할까요. 아무렴 걱정보다는 기대와 설레는 마음이 커집니다.

그러니 모든 처음을 대하는 사람들과 처음을 어려워하는 사람들이라면, 처음이 나에게 어려움을 준다면 꼭 기억해 보시길 바랍니다.

코카콜라도 첫해엔
25병밖에 팔지 못했다.

포기하지 말길!

일을 잘한다는 것의 진짜 의미

'일을 잘한다는 것'은 도대체 뭘까요? 종종 우리는 '일잘러'라는 말을 듣거나 사용합니다. 일잘러는 단순히 업무를 빨리 처리하거나 결과물을 많이 만들어내는 사람을 의미할까요? 아마 아닐 것입니다. 일을 잘한다는 것은, 복잡하게 얽힌 실타래 앞에서 당황하지 않고, 차분히 실의 첫 가닥을 찾아 풀어내는 능력에 가깝습니다. 그것은 안개 낀 길을 무작정 달리는 것이 아니라, 지도를 읽고 나침반을 보며 나아갈 방향을 가늠하는 지혜와 같습니다. 이 지난한 과정을 우리는 네 단계로 나누어 볼 수 있습니다.

1단계: 정리 - 흩어진 조각을 꿰어 맞추는 힘

모든 일의 시작은 '정리'입니다. 수많은 정보, 오고 가는 대화, 눈에 보이지 않는 맥락까지. 이 모든 것을 가지런히 배열하고 구조를 파악하는 것이 첫 번째 관문입니다.

정리는 단순히 파일명을 바꾸거나 폴더를 나누는 행위가 아닙니다. 정보의 경중을 가리고, 사실과 의견을 구분하며, 각 요소가 어떤 인과관계로 얽혀 있는지 논리의 지도를 그리는 과정입니다.

이 단계가 부실하면, 아무리 화려한 기술과 빛나는 아이디어가 있어도 사상누각이 될 뿐입니다. 정리는 튼튼한 주춧돌을 놓는 일과 같습니다.

2단계: 검토와 분석 – 논리의 지도를 항해하는 법

정리를 통해 논리와 맥락을 이해했다면, '검토와 분석'은 그 위에서 새로운 논리를 만들어가는 창조의 과정입니다.

정리된 내용을 바탕으로 그간의 경험, 자신만의 노하우, 데이터, 그리고 수많은 가능성과 잠재적 리스크를 면밀히 저울질하는 단계입니다. 때로는 귀찮고 지루하게 느껴질 수 있습니다. "이 정도면 되겠지"라는 유혹에 빠지기도 쉽습니다.

하지만 이 단계를 건너뛰는 것은, 초행길을 지도 없이 나서는 것과 같습니다. 잘못된 길로 빠져 한참을 헤매거나, 예상치 못한 암초에 부딪혀 좌초될 위험을 감수해야 합니다. 신중한 검토와 날카로운 분석만이 우리가 가야 할 가장 안전하고 효율적인 항로를 알려줍니다.

3단계: 판단 – 최적의 경로를 선택하는 결단

이제 선택의 시간입니다. 잘 정리되고 분석된 자료를 보며 '판단'을 내려야 합니다.

'어디까지 공유하고 어디까지는 보안을 유지할 것인가?', '이 프로젝트에 어느 정도의 자원을 투입해야 하는가?', '지금 우리가 감수해야 할 기회비용은 무엇인가?' 등 수많은 갈림길 앞에서 가장 합리적인 길을 찾아내는 단계입니다.

이것은 단순히 '좋다/나쁘다'를 결정하는 것이 아니라, 여러 대안이 가진 장단점을 종합적으로 고려하여 최적의 균형점을 찾는 고도의 지적 활동입니다.

4단계: 결정 – 책임이라는 무게를 짊어지는 용기

마지막은 '결정'입니다. 앞선 단계들이 충실

히 이행되었다면 결정은 의외로 쉬울 수 있습니다. 잘 닦인 길 위에서 마지막 한 걸음을 내딛는 것과 같기 때문입니다.

하지만 정리부터 판단까지의 과정이 흔들렸다면, 결정은 감정과 그날의 컨디션에 따라 좌우되는 위태로운 도박이 됩니다. 어제의 결정이 오늘 틀린 것처럼 느껴지고, 밤새 이불을 차게 될지도 모릅니다.

결정에는 반드시 '책임'이라는 무게가 따릅니다. 그 무게를 기꺼이 짊어질 수 있는 용기, 그것이 바로 삶을 이끄는 본질이자, 일을 완성시키는 마지막 열쇠입니다.

가장 깊은 곳에 있는 것
: 태도, 그리고 '왜?'라는 질문

이 모든 단계를 움직이는 가장 근원적인 에너지는 태도에서 나옵니다. 그리고 그 태도는 "나는 이 일을 왜 하고 있는가?"라는 질문에서부터 출발합니다. "왜?"라는 물음은 존재의 이유와 같습니다. 이유가 없다면 지속할 수 없고, 지속할 수 없다면 성장도 없습니다. 성장이 멈춘 존재는 서서히 의미를 잃어갑니다.

돈을 많이 줘서, 먹고살아야 해서, 할 줄 아는 게 이것뿐이라서. 저마다의 이유는 모두 소중합니다. 하지만 아무리 탐구하고 파고들어 봐도, 그 "왜?"에 대한 궁극적인 대답은 허무할 정도로 단순한 "그냥"이라는 결론에 닿게 됩니다.

위대한 예술가나 혁신가들이 자신의 일을

설명할 때를 떠올려봅시다. 그들은 복잡한 이유를 대지 않습니다. "그냥 좋아서", "그냥 해야만 할 것 같아서"라고 말할 뿐입니다. 애플의 창업자 스티브 잡스가 남긴 "위대한 일을 하는 유일한 방법은 당신이 하는 일을 사랑하는 것뿐이다"라는 말처럼, 모든 것의 시작은 논리가 아닌, 설명할 수 없는 이끌림에 있습니다.

이 선택의 가장 깊은 곳에는 어떤 감정이 존재합니다. 우리는 결국 자신의 기분이 좋아지는 방향, 마음이 충만해지는 선택을 할 때 가장 강력한 동력을 얻습니다.

이는 단순히 심리적인 위안이 아닙니다. 저명한 신경과학자 안토니오 다마지오(Antonio Damasio)의 연구에 따르면, 감정을 관장하는 뇌 영역이 손상된 환자들은 가장 단순한 결정조차 내리지 못하는 어려움을 겪습니다. 이성적인 판단 조차 감정이라는 신호가 없다면 불가능하다는 뜻입니다.

긍정적인 감정은 우리가 더 나은 결정을 내리도록 돕는 핵심적인 나침반 역할을 하며, 여러 연구에서도 이를 느끼는 직원이 문제 해결 능력과 창의성이 더 높다는 결과가 이를 뒷받침합니다.

결국 일을 잘한다는 것은, 자신의 감정을 잘 경영하는 것과 다르지 않습니다. 제가 경험을 통해 얻은 두 가지 소박한 방법은 이렇습니다.

1. 아주 작은 성공 기록하기

거창한 성공이 아니어도 괜찮습니다. '오늘 계획한 이메일 5통 모두 보냈다', '까다로운 동료와 웃으며 대화했다' 같은 사소한 성공들을 짧게 기록해 봅시다. 하루가 끝나고 그 기록들을 보면, 꽤 많은 일을 해낸 자신을 발견하며 단단한 자기효능감을 느낄 수 있습니다.

2. 의식적인 단절의 시간 갖기

퇴근 후에도 일 생각이 머릿속을 맴돈다면, 업무 모드의 스위치를 의식적으로 내리는 시간을 만들어봅시다. 가령 지하철역 한 정거장 전에 먼저 내려 걷거나, 좋아하는 음악 한 곡을 집중해서 듣는 것처럼, 물리적인 환경과 행동의 변화는 생각의 고리를 끊어내고 감정을 환기하는 데 큰 도움이 됩니다.

일을 하는 과정은 고도를 높이는 여정과 같습니다. 고도가 높아질수록 시야는 넓어지지만, 그만큼 챙겨야 할 것도, 책임져야 할 것도 많아져

숨이 차오릅니다. 하지만 힘든 만큼 이전에는 보지 못했던 상쾌한 공기와 새로운 풍경을 마주하게 됩니다.

핵심은 단순히 높은 고도를 유지하는 것이 아닙니다. 낮은 고도에서 숲을 이루는 나무 한 그루의 상태를 살피는 동시에, 높은 고도에서 숲 전체의 모양과 방향을 조망하는 유연함에 있습니다. 이 둘 사이를 자유자재로 오가는 능력이야말로 일의 완성도를 결정합니다.

예를 들어, 신제품 캠페인을 준비하는 마케터가 있다고 합시다. 높은 고도의 시야는 "이번 캠페인이 회사의 분기별 목표와 어떻게 연결되는가?", "경쟁사의 동향은 어떠하며 우리 브랜드의 핵심 메시지는 무엇인가?"를 고민하는 것입니다.

반면 낮은 고도의 시야는 "SNS 광고 이미지에 오타는 없는가?", "발송될 이메일의 링크는 제대로 작동하는가?"와 같은 디테일을 챙기는 것입니다. 높은 고도에만 머무는 리더는 실행 단계의 치명적인 실수를 놓쳐 프로젝트 전체를 좌초시키고, 낮은 고도에만 매몰된 실무자는 회사의 전략과 동떨어진 완벽함을 추구하느라 자원을 낭비합니다.

그렇다면 이 유연한 시야는 어떻게 훈련할 수 있을까요? 다음의 방법들을 시도해볼 수 있습니다.

15분 CEO 되기

하루 일과를 마치기 전 15분 동안, 내 자리에서 잠시 벗어나 스스로에게 질문을 던져보는 것입니다. "만약 내가 이 회사의 대표라면, 오늘 내가 한 일이 회사의 성장에 어떤 기여를 했는가?" 이 질문은 나를 사소한 업무(낮은 고도)에서 벗어나 조직 전체의 목표(높은 고도)와 연결시키는 강력한 훈련이 됩니다.

역할 통역사 되기

다른 부서와의 회의에 들어갈 때, 단순히 내 역할의 방어자가 아닌 '통역사'가 되어봅시다. 개발자가 기술적 부채(낮은 고도)에 대해 이야기할 때, 그것이 신규 기능 출시 지연(높은 고도)에 미치는 영향을 다른 팀원들에게 설명해 주는 식입니다. 이 과정에서 자연스럽게 여러 고도의 관점을 넘나드는 훈련을 하게 됩니다.

한 시간 다른 팀원 되기

평소 거의 교류가 없는 다른 팀의 동료에게 양해를 구하고, 한 시간 정도 그의 옆에서 어떤 일을 하는지, 어떤 고충이 있는지 관찰해 보는 것입니다. 고객 불만을 최전선에서 처리하는 CS 팀원의 낮은 고도를 이해하게 되면, 회사의 제품 개발 전략이라는 높은 고도에 대한 새로운 관점을 얻게 됩니다.

결국 일을 잘한다는 것은 정해진 공식이나 완벽한 정답을 찾는 여정이 아닐 것입니다. 그것은 흩어진 정보를 정리하고, 날카롭게 분석하며, 나의 '왜?'를 끊임없이 탐구하고, 때로는 높이 날아올라 전체를 보고 때로는 낮게 내려와 동료의 눈을 맞추는, 끝없는 성찰과 성장의 과정 그 자체일 것입니다.

이 모든 단계를 움직이는
가장 근원적인 에너지는
태도에서 나옵니다.

그리고 그 태도는
"나는 이 일을 왜 하고 있는가?"
라는 질문에서부터 출발합니다.

**브랜딩과
나**

　사업을 하면서 '나의 배경은 무엇인가'에 대해 깊이 고뇌했던 시간이 있었습니다. 저는 여느 대표처럼 디자인과 패션을 전공해 세련된 감각을 갖추지도 못했고, 유창한 외국어로 비즈니스를 논하는 유학파도 아니었습니다. 그저 구수한 발음으로 "비…지…니스"를 갈구하는 지방대 출신일 뿐이었습니다.

　숫자에 밝거나 셈이 빨라 그 자리에서 명쾌한 답을 내놓지도 못했습니다. 툭 던진 제안 하나에도 일주일을 골머리 앓으며 수십 번을 계산하고 고민하는 더딘 사람이었습니다. 멋들어진 PT도, 있어 보이는 사업 용어도 제 것인 적이 없었기에, 저와 저를 둘러싼 모든 것, 제가 어설프게 벌여놓은 일들 앞에서 끝없이 작아졌습니다. 때로는 '왜 시작했을까' 하는 자책에, 때로는 답 없는 원망에 스스로를 가두기도 했습니다.

하지만 그런 것들이 무슨 소용이 있었겠습니까. 삶도, 일도 그런 자책과 원망으로 단 하나도 달라지지 않았고, 저는 계속 불안한 제자리를 맴돌 뿐이었습니다. 그 답답함이 극에 달할 때면, 동경하던 그들처럼 되고 싶어 세련된 척, 있어 보이는 척, 모든 걸 안다는 듯 자신 있는 척 연기하기도 했습니다.

하지만 몸에 맞지 않는 옷처럼 영 어색했고,

저의 불편함은 저보다 제 곁의 사람들이 더 빠르게 알아차렸습니다. 그 공허한 흉내는 금세 바닥을 드러냈고, 사람들은 아마추어 같은 저의 모습을 보고 떠나거나, 때로는 제가 불편하다는 날카로운 직언을 던지기도 했습니다. 하지만 제가 스스로의 불편함을 정면으로 마주하기 전까지, 그들의 말과 행동은 보이지도 들리지도 않았습니다.

문제는 곪아 터지기 직전이었고, 해결책은 보이지 않았습니다. 모든 것을 잃을지도 모른다는 절박함 속에서, 저는 그제야 저의 불편함을 직면했고, 그 모든 초라함을 있는 힘껏 껴안기로 했습니다. 그러자 비로소 몇 가지의 질문이 제 안에서 떠올랐습니다.

'그렇다면 나는 앞으로 무엇을 해야 하는가'

'나는 어떤 삶을 살아내야 하는가'
'어떤 일에 몰입해야 하는가'

타인을 향하던 시선을 거두고, 저의 결핍과 불안을 온전히 인정하자 모든 질문은 비로소 '저'에게로 돌아왔습니다.

오랜 방황 끝에 제가 내린 결론은 두 가지였습니다. '내가 진심으로 좋아하고 재밌어하는 것들을 다른 사람들도 함께 즐기게 만들자'라는 사명과, '나의 가장 개인적인 경험과 솔직한 생각이 누군가에게는 가장 큰 위로와 용기가 될 것이다'라는 믿음이었습니다.

결국 저의 배경이란, 이름 없는 지방대나 어설픈 영어가 아니라, 저만의 시선으로 세상을 보고, 저만의 호흡으로 느끼며, 제 발자국으로 쌓아온 모든 시간의 총합이었기 때문입니다.

요즘 브랜딩에 관한 이야기가 넘쳐나지만, 저는 브랜딩을 거창한 이론이 아닌 저의 경험에 빗대어 말하고 싶습니다. 저의 배경이 곧 저의 브랜드이고, 브랜딩이란 제가 보고 듣고 먹고 마시고 사랑하며 쌓아 올린 모든 것의 총합이라고 말입니다. 결국 정답은 제 안에 있다고 말입니다.

그 결론에 대한 저의 대답과 축적, 저의 증명이 바로 '필름출판사'와 '카페 공명'이었습니다. 제가 좋게 본, 깊은 영감을 받은 기획과 사람들, '이건 분명 다른 사람들도 좋아할 거야'라는 확신으로 만든 책이 어느덧 100종을 넘어섰고, 그 책을 읽어준 독자의 수는 200만 명을 넘어갑니다.

2019년까지 제게 좋은 영감을 주었던 공간과 시간의 조각들을 모아 '카페 공명 연남점'을 만들었고, 2019년부터 2023년까지의 영감은 '카페 공명 홍대점'이 되었습니다. 그리고 이후의 시간들은 또 다른 이름의 지점이 되어 사람들을 맞이하고 있습니다.

이 공간들은 이제 1년에 약 75만 명이 찾아와 각자의 시간을 쌓는 소중한 장소가 되었고, 저는 그들이 이 공간에서 좋은 영감을 얻고 잠시나마 평온을 느끼기를 바랍니다.

가끔 제 글이 일기 같고, 대학생의 글처럼 미숙하다는 피드백을 받기도 합니다. 그럴 때면 제 안에서는 두 가지의 다른 제가 고개를 들곤 합니다. 한쪽에서는 "어쩌라고, 너도 책 써서 30만 권 팔아 보든가~" 하는 삐딱한 제가 말을 걸고, 다른 한쪽에서는 "진짜 좋은 단어를 고르고 골라, 더 깊고 멋진 문장을 보여주자"라며 겸허히 스스로를 채찍질하는 제가 있습니다. 이 모순처럼 보이는 시간들이 축적되어 지금의 제 단어와 문장, 제 글과 책, 저만의 기준과 결과를 만들어 냅니다.

결국 제가 보내온, 쌓아온 모든 것들이 지금의 저를 만들고, 제가 세상에 풀어내는 모든 것들의 색깔을 빚어내는 것이었습니다. 제게는 색이 없다고, 단단한 배경이 없다고 좌절하던 그 시간조차, 실은 가장 선명한 색을 칠하고 가장 단단한 배경을 다지는 과정이었음을 깨닫습니다.

그 모든 축적의 시간이 온전히 '저'였다는 것을 받아들이는 순간, 일도 삶도 놀랍도록 재밌어진다는 인생의 치트키를 얻게 되었습니다.

앞으로 어떤 모습으로, 어떤 느낌으로 삶과 일을 마주하게 될지는 모릅니다. 하지만 이것 하나만은 분명합니다. 제가 보내고 쌓아온 모든 순간들이 결국 저를 더 단단하게 빚어낼 것이라는 사실을 말이죠. 그리고 제가 진솔하게 쌓아 올린 모든 것들은 세상을 향해 뻗어나가, 다시 저에게 더 큰 영감과 빛나는 결과로 돌아올 것임을 믿어 의심치 않습니다.

온전히 '저'였다는 것을
받아들이는 순간,

일도 삶도 놀랍도록
재밌어진다는
인생의 치트키를
얻게 되었습니다.

**재능과
인정**

학창 시절 축구를 하다 축구 선수 출신 한 명을 만난 적이 있습니다. 그는 공을 다루는 기술이나 경기를 읽는 시야, 체력까지 모든 면에서 압도적인 실력을 보여줬습니다. 다들 "와, 진짜 잘한다"라며 감탄했지만, 저는 속으로 '에이, 밥 먹고 축구만 했는데 잘해야지'하고 생각했습니다. 그때는 그게 솔직함이라고 생각했습니다. 하지만 지금 돌이켜 보면, 그것은 저 스스로의 부족함을 애써 외면하기 위한 합리화에 가까웠습니다.

정작 저는 밥 먹고 공부만 했음에도 "잘한다"라는 소리를 듣지 못했기 때문입니다. 축구 선수가 아닌 제가 축구에 재능이 없는 것은 당연한 일이었지만, 저는 그 당연함을 인정하고 싶지 않았던 것입니다.

어쩌면 그것은 일종의 정신적 방어기제였을 것입니다. 제 분야에서 압도적인 재능을 보여주지 못하는 현실을 직시하는 대신, 타인의 성과를 '환경 탓' 혹은 '편협한 노력 탓'으로 돌리며 저를 지키는 가장 손쉬운 방법을 택한 셈입니다. 이러한 자기 합리화는 순간의 위안을 줄지는 몰라도, 결국 저를 한 걸음도 나아가지 못하게 만드는 족쇄가 됩니다.

저는 저 자신에게 집중하는 대신, 상대방의 노력을 깎아내리며 저를 방어했습니다. 저의 현재와 미래를 살피기보다, 과거의 저에게 갇혀 있었습니다. "나는 그때 더 잘할 수 있었는데" 같은 후회와 "다른 사람들은 저렇게 노력을 안 했겠지" 같은 자기 위안에 빠지기 일쑤였습니다. "그때 그 선택을 하지 않았더라면", "나에게도 그런 기회가 주어졌다면"과 같은 부질없는 가정들은 달콤한 도피처가 되지만, 현실의 문제를 해결해 주지는 못했습니다.

결국 자신에게 집중하는 힘을 잃었을 때, 우리는 타인을 폄하하며 스스로를 지키려 합니다. 그런 순간이 잦아질수록, 우리는 성장하는 대신 퇴보합니다.

노력과 실력을 인정받는 영역은 두 가지 단계로 나뉩니다.

첫 번째는 '쟤 좀 치네'의 영역입니다. '어느 분야에서 좀 한다'라는 인정을 받는 것입니다. 이 영역은 저 스스로의 만족을 넘어, 제 옆에 있는 사람들을 만족시키는 수준에 도달했을 때 비로소 얻을 수 있습니다.

대학교 시절, 중요한 팀 프로젝트 발표를 맡은 적이 있습니다. 저는 여러 대외 활동과 더불어 학생회 등의 활동으로 바쁜 나날들을 보냈기에, 팀원들은 그저 제가 맡은 부분을 무난히 읽어주기만 해도 다행이라고 생각하는 눈치였습니다.

그 시선이 오히려 저를 자극했습니다. 저는 발표 며칠 전부터 밤을 새워가며 자료를 파고들었습니다. 단순히 주어진 대본을 외우는 것을 넘어, 예상 질문 리스트를 수십 개나 만들고 그에 대한 완벽한 답변을 준비했습니다. 동선과 제스

처, 시선 처리까지 거울을 보며 수없이 연습했습니다. 발표 당일, 팀원들의 놀란 표정 속에서 저는 준비한 모든 것을 쏟아냈고, 막힘없이 질문에 답했습니다.

발표가 끝나자 교수님은 물론이고, 까다롭기로 소문난 동기들까지 다가와 "발표 너무 잘 들었다. 자료 분석이 정말 날카롭더라. 너 이런 거 잘하는 줄 몰랐네"라며 인정을 표했습니다. 그 순간이 바로 '쟤 좀 치네'의 영역에 처음 발을 내디딘 순간이었습니다. 단순히 "수고했다"라는 격려가 아니라, 저의 실력 자체에 대한 구체적인 칭찬과 인정을 받은 것입니다.

이처럼 '쟤 좀 치네'는 완벽함의 영역이 아니라, 부족함을 메우기 위한 치열한 노력과 준비가 임계점을 넘어, 주변 사람들에게 실력으로 명확히 각인되는 단계입니다. 이 단계는 재능을 갈고닦아 내 주변에서 인정받는 수준에 이르는 과정입니다.

'잘하는 사람'은 세상에 많습니다. 하지만 '진짜 잘하는 사람'은 자신의 재능을 객관적으로 파악하고, 끊임없이 "나는 지금 잘하고 있는가?"라고 질문하며 스스로를 발전시킵니다. 그 질문에 대한 답을 찾는 과정이 바로 이 첫 번째 영역의 핵심입니다.

두 번째는 '그거 하면 걔?'의 영역입니다. 이것은 단순히 잘하는 것을 넘어, 그 분야에서 대체 불가능한 존재가 되는 것입니다. 이 영역에 도달하기 위해서는 저 자신은 물론, 제 주변 사람들을 만족시키는 것을 넘어, 저와 전혀 관계없는 지나가는 사람들까지 감동하게 해야 합니다. 이는 단순히 실력이 뛰어나다는 것을 넘어, 저만의 철학과 이야기가 담긴 결과물로 시장에 독자적인 '카테고리'를 만들어내는 경지입니다.

저는 홍대에 카페 공명을 처음 열었을 때, 망할 것이라는 주변의 예측을 뒤로하고 제가 가장 잘할 수 있는 것, 즉 '진심과 정성이 담긴 분위기'에 집중했습니다. 당시 홍대에는 화려하고 시끄러운 카페들이 많았습니다.

하지만 저는 시끄러운 카페에 지친 사람들이 조용하고 아늑한 분위기 속에서 편안함을 느낄 수 있도록 모든 디테일에 신경을 썼습니다. 예를 들어, 의자는 몇 시간을 앉아 있어도 불편하지 않도록 여러 제품을 직접 테스트하며 골랐고, 배경 음악은 손님들의 대화에 방해가 되지 않으면서도 공간의 분위기를 해치지 않는 플레이리스트를 매일 직접 선곡했습니다.

조명 하나하나의 각도까지 조절하며 책을 읽거나 사색에 잠기기에 가장 좋은 환경을 만들고자 했습니다. 이것은 단순히 커피를 파는 공간을 넘어, 쉼과 집중이라는 경험을 파는 것이라는 저만의 철학이 담긴 행동이었습니다.

시간이 흘러 사람들은 홍대의 카페를 찾을 때면 "아, 그 분위기 좋은 카페? 공명!"이라는 말을 하기 시작했습니다. 저는 홍대에서 가장 잘하는 카페가 아니라, '홍대에서 조용하고 편안한 분위기가 있는 카페'라는 고유명사가 된 것입니다.

이것이 바로 타겟팅의 힘입니다. 모두를 만족시킬 수는 없습니다. 타겟팅은 단순히 시장을 분석하는 일이 아닙니다. 그것은 "내가 뭘 잘할 수 있는가?", "내가 가진 능력으로 누구에게 가치를 줄 수 있는가?"라는 깊은 질문을 통해 '나'라는 사람의 본질을 찾아가는 과정입니다.

만약 제가 처음부터 축구 선수의 재능을 부러워하며 저를 깎아내리는 대신, "나는 무엇으로 사람들의 마음을 움직일 수 있을까?"를 고민했다면 어땠을까요. 아마도 훨씬 더 빨리 저만의 길을 찾았을 것입니다. 타인의 재능을 질투하는 것은 결국 제가 설 땅이 어디인지를 모른다는 불안감의 다른 표현일 뿐입니다.

제가 잘할 수 있는 것이 무엇인지, 그 가치를 가장 필요로 하는 사람들이 누구인지 명확해질수록, 저는 더 이상 타인의 평가에 흔들리지 않게 됩니다. 저 자신을 깎아내리지 않고, 제 실력을 온전히 쌓아가는 데 집중하게 됩니다. 그렇게 제가 만들어낸 무언가가 시장에서 가치를 인정받을 때, 우리는 비로소 '효율적으로' 성장하게 됩니다.

결국 재능과 인정의 문제는 타인과의 비교에서 시작해, 자신에 대한 깊은 이해로까지 확장됩니다. '쟤 좀 치네'라는 인정을 받으며 실력을 다지고, 마침내 '그거 하면 걔?'라는 대체 불가능한 존재가 되는 여정의 중심에는, 타인을 깎아내리는 비뚤어진 마음이 아닌, 스스로를 바로 세우고 자신이 가장 잘할 수 있는 것을 세상에 내어놓는 단단한 자존감이 자리하고 있습니다. 그것이 진정한 성장의 시작입니다.

제가 잘할 수 있는 것이
무엇인지,

그 가치를
가장 필요로 하는
사람들이 누구인지
명확해질수록,

저는 더 이상
타인의 평가에
흔들리지 않게 됩니다.

103kg의
공허

 공허. 모든 것을 가졌다고 생각했을 때 찾아온 감정은 명백히 공허였습니다. 어떤 것으로도 도저히 채울 수 없을 것만 같은, 밑 빠진 독과 같은 텅 빈 허기. 저는 그 허기를 달래려 습관처럼 배달 앱을 켰습니다.

 혀를 자극하는 조미료 맛이 전부인, 이미 아는 맛의 음식을 의미 없이 꾸역꾸역 목으로 넘겼습니다. 눈앞에는 세상이 가장 재미있다고 말하는 1위 콘텐츠를 틀어놓았지만, 주인공의 서사를 좇을 마음의 여유도, 의지도 없이 그저 색채와 소리의 연속으로 흘려보낼 뿐이었습니다.

10분도 채 지나지 않아 흥미는 쉬이 날아갔고, 저는 리모컨을 들어 다음 콘텐츠를, 다시 유튜브의 자극적인 섬네일을 그리고 끝내 아무런 알림도 울리지 않는 스마트폰 화면을 차례로 넘기고 있었습니다. 화면 속 사람들은 웃고 떠들고 무언가를 성취하고 있었지만, 그 모든 것이 나와는 다른 세상의 이야기처럼 아득하게만 느껴졌습니다.

음식을 채 비우지도 않았는데, 분명 위장은 무겁게 차오르는데도 마음의 허기짐은 파도처럼 다시 밀려왔습니다. 느끼한 걸 먹어서일까. 이번엔 뇌까지 얼얼해지는 매운 음식을 주문했습니다. 혀의 고통으로 다른 감각을 마비시키려는 듯이. 위장은 고통스럽게 차오르지만 마음은 여전히 텅 비어 있었습니다.

거실 테이블 위로 배달 용기들이 플라스틱 산을 이루고, 다 먹지 못한 음식물 냄새가 묵직한 죄책감처럼 방 안을 채웠습니다. 그대로 소파에 몸을 던져 다시 무의미한 영상과 반짝이는 화면을 매만지는 행위를 반복했습니다. 분명 해가 중천에 뜬 오전 11시였는데, 정신을 차리고 창밖을 보니 세상은 이미 짙은 어둠에 잠긴 오후 9시였습니다. "오늘 하루도 이렇게 글렀구나"라는 자조적인 생각 끝에, 마침표를 찍듯 후식으로 달콤한 아이스크림을 주문했습니다.

텅 빈 눈으로 화면에 시선을 고정한 채 몇 숟갈 뜨다 보면, 4인분이라는 양이 무색하게 어느새 차가운 쇠 숟가락이 플라스틱 바닥을 긁는 소리만이 방 안에 울리고 있었습니다.

 '내일은, 내일만큼은 제대로 살아야지.' 더부룩한 속과 끈적한 죄책감을 안고, 지켜지지 않을 다짐을 중얼거리며 소파에서 그대로 잠이 들었습니다.

 103kg. 어느 날 마주한 체중계의 숫자는 단순히 불어난 살의 무게가 아니었습니다. 그것은 제 영혼의 무게, 감당할 수 없게 무거워진 공허의 질량이었습니다. 불과 3년 전만 해도 70kg 대를 유지하며 날렵하게 세상을 활보하던 몸이 언제 이렇게 됐을까. 몸무게는 계속해서 최고점을 경신하지만, 마음의 허기짐은 좀처럼 채워지지 않았습니다. 먹고, 보고, 잠들고, 더 강렬하고 새로운 자극을 찾아 헤매도 도무지 해소되지 않는 이 지독한 공허함의 정체는 무엇일까요.

후회스러운 하루하루가 쌓여 만들어진 플라스틱 쓰레기 더미처럼, 제 삶도 그렇게 무너져 내리고 있었습니다. 망가진 몸과 어지러운 정신을 마주하며, 문득 저 자신에게 말을 거는 질문들이 있었습니다. 꼬리에 꼬리를 무는 생각의 끝에는 결국, 다시 마주하는 듯한 두 개의 근원적인 질문이 있었습니다. '나는 왜 사는가?', '나는 도대체 누구인가?' 답을 알 수 없는 질문 앞에서, 깊이를 알 수 없는 한숨이 터져 나왔습니다.

결핍이 쏘아 올린 성공이라는 신기루
'나는 왜 사는가?', '나는 도대체 누구인가?'

아마 이 질문을 던지는 순간, "갑자기 웬 철학 타령이야?" 하며 책을 덮을 준비를 할지도 모릅니다. 충분히 그럴 만합니다. 이 질문들은 어딘가 삶에 환멸을 느낀 사람이나 재미도 없는 철학자의 이야기가 줄줄이 나올 것이라는 생각이 들기 때문입니다.

저 역시 한때는 이런 질문이 전혀 필요 없는 사람이라고 굳게 믿었습니다. 솔직히 말해, 그런 심오한 질문을 던지는 사람들을 보면 '참 삶을 피곤하게도 산다'라고 생각했습니다. 제 전작 《당신은 결국 무엇이든 해내는 사람》에서 고백했듯, 제 삶은 '결핍'이라는 강력한 원동력으로 움직여 왔습니다. 반지하 방의 퀴퀴한 곰팡이 냄새가 싫었고, 돈 때문에 무언가를 포기해야 하는 무력감이 두려웠으며, 세상의 중심에서 스포트라이트를 받으며 나의 존재를 증명하고 싶은 뜨거운 욕망이 있었습니다. 그 지긋지긋한 결핍을 채우기 위해 저는 뒤도, 옆도 돌아보지 않고 앞만 보고 달렸습니다. 결핍은 성장의 가장 확실한 자양분이 되었고, 성장은 성취라는 눈부신 열매를

맺어주었습니다.

저는 제 정체성과 제가 하는 일을 누구보다 명확하고 자신 있게 설명할 수 있었습니다.

- 나의 정체성: 나는 표현하는 걸 좋아하는 사람이다. 글, 강연, 공간, 책 등 보고, 듣고, 먹고, 마시는 모든 것을 창조하는 사람.
- 내가 하는 일: 매출 100억 원, 회사를 운영하는 젊은 CEO이자, 베스트셀러 작가.

저는 '필름'이라는 출판사를 맨손으로 일궈 성공적으로 키워냈고, 우리가 펴낸 책들은 대부분 베스트셀러가 되었습니다. 매년 두 배 이상 성장하며 출판 업계에서는 이례적인 성공 신화를 썼습니다. 독자들과 서점은 우리에게 '믿고 보는 필름'이라는, 노력에 대한 가장 영광스러운 수식어를 붙여주었습니다.

그뿐만이 아니었습니다. 저는 홍대와 강남 일대에 5개 지점, 총 1,000평 규모의 '카페 공명'을 운영하는 CEO이기도 했습니다. 제가 만든 공간은 평일, 주말할 것 없이 사람들로 북적였고, 여러 건물주와 부동산 업체로부터 자신의 건물에 입점해달라는 제안이 쇄도했습니다.

심지어 저의 책과 우리 출판사의 책들은 한국을 넘어 여러 나라에서도 베스트셀러가 되었습니다. 낯선 나라의 서점에서 제 사인을 받기 위해 팬들이 세 시간 넘게 줄을 서는, 어린 시절에는 상상조차 할 수 없었던 비현실적인 경험을 하기도 했습니다.

결핍을 동력 삼아 이뤄낸 성취들은 눈부셨

습니다. 통장의 숫자가 늘어날수록, 회사의 규모가 커질수록, 저를 알아보는 사람이 많아질수록 제 존재 가치가 증명되는 것 같았습니다. 이처럼 제 삶은 계획대로 완벽하게 굴러가고 있었고, 이루고 싶은 목표들은 놀라운 속도로 현실이 되고 있었습니다.

그러니 '나는 누구인가' 같은 실존적 질문으로 방황하는 사람들과 저는 근본적으로 다른 종류의 사람이라고 생각했습니다. 그들은 답을 찾아 헤매고 있지만, 저는 이미 '답'을 가진 사람이라는 생각 때문이었습니다.

그런데 모든 것이 이상한 일이었습니다. 모든 것을 이뤘다고, 마침내 결핍을 모두 채웠다고 생각한 바로 그 순간, 저는 여전히 허전했습니다. 마치 빼곡하게 답을 적어낸 시험지 같았지만, 그

답들 사이의 미세한 여백들이 눈에 들어오기 시작했습니다. 아무리 큰 성취를 거두어도, 내면에서는 설명할 수 없는 공허가 불쾌하고 축축하게 피어올랐습니다. 결핍이라는 구멍을 성공으로 모두 메웠다고 믿었는데, 마음속에는 더 크고 깊은, 형태조차 알 수 없는 심연이 뚫려 있었습니다.

문득, 어릴 적 잡지 뒤편에서 풀던 '미로 게임'이 떠올랐습니다. 보통은 연필을 들고 출발점에서부터 길을 찾아 헤매다, 막히면 지우고 다른 길을 시도하곤 합니다. 하지만 저처럼 "가장 빠른 길이 답이다!"라고 생각했던 아이들은 달랐습니다. 도착점에서부터 거꾸로 길을 찾아 나섰습니다. 그러면 헤맬 필요 없이 단숨에 정답을 찾을 수 있었기 때문입니다.

제 인생이 꼭 그 미로 게임 같았습니다. '성

공'이라는 도착점을 명확히 정하고, 그곳에 가장 빨리 도달하기 위해 길을 '역으로'만 풀어왔습니다. 출발점에서 내가 왜 이 길을 가려 하는지 고민하는 시간 따위는 사치이자 낭비라고 생각했습니다.

문제는, 그렇게 도착점만을 향해 전력 질주하다 보니, 정작 '내가 이 미로에 왜 들어왔는지' 단 한 번도 진지하게 고민해 본 적이 없었다는 사실이었습니다. 저는 타인에게 잘 보이기 위해, 그리고 저 자신마저 완벽하게 속이기 위해 그럴듯한 말들을 방패막이처럼 둘러댔습니다. "저는 운 좋게 천직을 만났어요", "좋아하는 일을 하니 하루하루가 행복합니다", "여러분도 저처럼 하고 싶은 걸 하면서 사세요" 같은 알량한 위로와 부러움을 살 법한 말들로 진짜 제 마음의 소리를 외면하고 있었습니다.

그러니 지금이라도 다시 시작해야만 했습니다. 모든 것을 처음부터 말이죠. 어디서부터 시작해야 할지 막막했지만, 미로 게임의 출발점에 서처럼, '나' 자신에게서부터 시작해야 했습니다. 막히면 지우고, 다른 길을 찾아가며 끈질기게 저에게 질문을 던져야 했습니다. 그렇게 3년을 꼬박 사업과 일은 별개로 '나'에 대한 질문과 그에 관한 공부, 그리고 저 자신을 향한 고독한 탐구에 시간을 쏟았습니다.

숫자의 노예, 본성의 민낯을 마주하다

103kg까지 불어난 이유는 명확했습니다. 저는 끊임없이 자극과 성취를 원했습니다. 성취를 통해 얻는 짜릿한 충족감이 제 존재를 증명하는 유일한 길이라 믿었지만, 성취는 매일 주어지는 달콤한 과일이 아니었습니다. 때로는 척박한 땅에 씨앗을 심고, 묵묵히 물을 주며, 혹독한 계절

을 견뎌내야 하는 길고 지루한 축적과 인고의 시간이 필요했습니다.

어느 순간, 그 모든 과정의 가치를 잊어버렸습니다. 안정적인 궤도에 오르자 '더 잘 살고 싶다'라는 욕망이 걷잡을 수 없이 커졌습니다. 인간은 타자의 욕망을 욕망한다는 라캉의 말처럼, SNS 피드를 가득 채운 타인의 화려한 성공, 경쟁사의 폭발적인 성장률, 친구가 새로 산 멋진 집, 그 모든 것이 날카로운 칼날이 되어 저의 조급증을 후벼 팠습니다.

저의 하루는 숫자로 시작해 숫자로 끝났습니다. 밤 10시, 카페의 하루 매출이 정산되어 올라오는 시간. 휴대폰 화면의 숫자에 따라 제 심장은 천국과 지옥을 오갔습니다.

밤 12시 30분, 예스24 SCM에 접속해 밤사이 팔려나간 책의 숫자를 확인했습니다. 그러고는 잠들지 못한 채 뒤척이다 새벽 4시, 교보문고 SCM이 업데이트되는 순간까지 뜬눈으로 기다렸습니다. 제가 그 숫자를 본다고 해서 결과가 바뀌는 것은 아무것도 없었지만, 저는 그 행위를 멈출 수 없었습니다. 마치 신에게 올리는 제사처럼, 간절한 마음으로 숫자를 들여다보며 제 안의 거대한 불안을 잠재우려 했습니다. 숫자가 오르면 잠시 안도했고, 숫자가 꺾이면 세상이 무너지는 듯한 절망에 빠졌습니다.

감정의 기복을 다스리는 것이 제 인생의 가장 큰 숙제임을 알면서도, 숫자의 폭력 앞에서는 속수무책이었습니다. 결국 텅 비어버린 내면은 더 강하고, 더 즉각적인 자극을 원했습니다.

그래서 저는 '먹었습니다'. 가장 원초적이고 손쉬운 방법으로 제 안의 구멍을 틀어막기 시작했습니다. 낮 동안 예민한 감각을 유지하느라 거르기 일쑤였던 식사를, 모두가 잠든 밤, 텅 빈 집에서 보상받지 못한 마음과 함께 음식으로 채웠습니다.

먹고, 소화시킬 틈도 없이 무거운 몸을 침대에 던지고, 위산이 역류하는 속 쓰림에 뒤척이고, 다음 날 엉망이 된 컨디션으로 더욱 예민하고 불안해지고, 그날 밤 어김없이 더 많은 음식으로 그 감정을 잊으려 하는 악순환의 고리에 완벽하게 갇혔습니다.

성과가 따라올 리 없었습니다. 흐릿한 정신으로는 어떤 일에도 깊이 집중할 수 없었고, 모든 것이 손에 잡히지 않는 모래알처럼 흩어졌습니다. 불안은 증폭되었고, 회사의 통장 잔고는 바닥을 드러내기 시작했습니다. 대출로 힘겹게 이어온 현금 흐름마저 멈춰 섰습니다. 그리고 마침내 그날이 왔습니다.

직원들의 월급과 거래처에 보내야 할 대금조차 통장에 남아 있지 않은 날. 저는 차가운 현실이 뺨을 후려치는 듯한 충격과 함께 정신을 차렸습니다.

머릿속에서 단 한 문장이 사이렌처럼 울렸습니다. 이대로 가면, 정말 죽는다. 공포 앞에서 저는 비로소 인간이라는 존재의 본성을, 그 민낯을 정면으로 마주하게 되었습니다. 성공, 성취, CEO, 베스트셀러 작가 같은 화려한 수식어를 모두 걷어내고 나니, 그곳에는 너무도 명백하고 초라한 세 가지 진실이 있었습니다.

1. 인간은 본래 게으르다. 변화의 고통보다는 현재의 편안함을, 노력의 수고로움보다는 즉각적인 안락함을 추구하는 존재다.
2. 인간은 지독히 이기적이다. 타인의 고통보다는 나의 작은 상처가 더 아프고, 타인의 불행은 대충 보인다. 세상의 평화보다는 당장 나의 공허함을 채우는 것이 우선인 존재다.
3. 인간은 지극히 비합리적이다. 스스로는 이성적이고 논리적인 판단을 한다고 믿지만, 감정과 본능의 거대한 파도 앞에서는 작은 돛단배처럼 속절없이 휩쓸리는 존재다.

이것은 타인을 향한 냉소적인 평가가 아니었습니다. 103kg의 몸과 텅 비어버린 통장 앞에 선 저 자신에게 내리는 가장 정직하고 고통스러운 진단이었습니다.

저는 이 세 가지 본성을 부정하거나 극복하려 애쓰는 대신, 있는 그대로를 온전히 받아들이고 저의 새로운 출발선으로 삼기로 결심했습니다. 이것들을 인정하고 끌어안은 채로 나아가는 것, 그것이 진짜 싸움의 시작임을 깨달았습니다.

일상을 관찰하고 음미하는 일

하지만 이 '진짜 싸움'은 제가 평생을 바쳐왔던 방식과는 완전히 다른 것이었습니다. 과거의 저는 인간의 본성이라는 거대한 강물을 거슬러 오르려는 무모한 시도를 범하곤 했습니다.

'게으름'이라는 본능을 '극복'하기 위해 스스로를 채찍질하며 번아웃의 절벽으로 내몰았습니다. '이기심'을 '극복'하기 위해 타인의 인정과 외부의 성과라는 허울 좋은 명분에 매달렸습니다. '비합리성'을 '극복'하기 위해 숫자로만 세상을 재단하려 했지만, 결국 그 숫자 뒤에 숨은 가장 비합리적인 공포와 결과의 노예가 되었습니다.

그것은 싸움이 아니라, 스스로를 향한 소모적인 전쟁이었습니다. 그리고 103kg의 몸과 텅 비어버린 잔고는 그걸 보란 듯이 증명했습니다.

모든 게 끝나버릴 수도 있겠다는 공포 앞에서, 저는 처음으로 항복을 선언했습니다. 거대한 본성의 강물을 거슬러 올라가는 것을 포기했습니다. 이길 수 없음을 인정한 것이 아니라, 애초에 그것이 싸움의 대상이 아니었음을 인정한 것입니다.

그렇다면 이제 무엇을 해야 할까. 강물을 거스를 수 없다면, 남은 것은 단 하나였습니다. 강물의 흐름에 몸을 맡긴 채, 그 흐름을, 물결을, 물속의 풍경을 자세히 들여다보는 것. 나의 본성을 적으로 규정하고 박멸하려 애쓰는 대신, 나의 일부로 끌어안고 그 작동 원리를 세밀하게 관찰하기로 했습니다.

게으름이 나를 덮칠 때, 그것을 죄악시하며 억지로 몸을 일으키는 대신, '아, 지금 나의 몸과 마음이 진정한 쉼을 원하는구나'라는 신호로 읽어주었습니다. 그리고 그 쉼을 배달 음식과 넷플릭스로 소비하는 것이 아니라, 따뜻한 차 한 잔, 창밖의 풍경 하나를 오롯이 음미하는 것으로 채워주었습니다.

이기심이 고개를 들 때, '나는 왜 이렇게 속이 좁을까' 자책하는 대신, '지금 나의 내면이 결핍을 느끼고 있구나'라는 사실을 인정했습니다.

그리고 그 결핍을 타인과의 비교나 성과로 채우는 대신, 나 자신에게 온전한 한 끼의 식사를 정성껏 차려주는 '건강한 이기심'으로 돌려주었습니다.

비합리적인 불안이 밀려올 때, 애써 "괜찮다"라고 주문을 외우며 억누르는 대신, 그 감정의 실체를 가만히 들여다보았습니다. 그 불안이 어디에서 시작되었는지, 지금 나에게 무엇을 말하고 싶은지, 숫자가 아닌 나의 감각을 믿어보기로 했습니다.

이것이 3년에 걸친 탐구의 시작이었습니다. 거창한 철학이나 깨달음이 아니었습니다. 그것은 매일의 식탁에서, 산책길에서, 업무 앞에서 나의 본성을 인정하고, 그것을 관찰하고, 음미하는 지극히 실천적인 과정이었습니다.

더 이상 본성과 싸우지 않게 되자, 역설적으로 본성에게 휘둘리지 않게 되었습니다. 나의 '게으름'을 존중하자 오히려 깊은 몰입의 에너지가 생겨났고, 나의 '이기심'을 돌보자, 타인을 향한 건강한 여유가 생겨났으며, 나의 '비합리성'을 관찰하자 숫자에 흔들리지 않는 단단한 중심이 잡혔습니다.

이 과정을 통해 마침내 성과만을 좇는 삶을 청산하기로 결정했습니다. 그리고 삶이라는 광활한 숲을 거니는 '일상 탐험가'로 살기로 결심했습니다. 삶을 수단이 아닌, 그 자체로 완전한 목적으로 여기기 시작한 것입니다. 살아 있다는 사실, 지금 이 순간 숨 쉬고 있다는 감각만으로 충분하다는 것을 뼈저리게 깨달았습니다.

이러한 삶의 태도 변화는 제 모든 것을 바

꾸어 놓았습니다. 더 이상 미래의 불확실한 결과를 위해 현재의 확실한 행복을 저당 잡히지 않습니다.

과거 103kg의 저는 공허함을 채우기 위해 음식을 소비했습니다. 혀를 마비시키는 자극적인 맛으로 불안을 잠재우고, 텅 빈 위장을 채우는 행위로 존재를 확인받으려 했습니다.

하지만 지금의 저는 음식을 '경험'합니다. 스마트폰은 손이 닿지 않는 곳에 내려놓고, 눈앞의 음식에 온전히 집중하는 의식을 치릅니다. 밥알 하나하나의 고소함, 찌개 위 파 한 조각의 선명한 색감, 입안에서 어우러지는 국물의 복합적인 맛을 현미경으로 들여다보듯 세밀하게 관찰합니다.

산책을 할 때도 마찬가지입니다. 예전에는 머릿속으로 사업 구상을 하며 무심코 걸었지만, 이제는 온몸의 감각을 열어둡니다. 아스팔트 틈새를 뚫고 피어난 작은 들꽃의 생명력, 뺨을 스치는 바람의 온도와 습도, 저 멀리서 들려오는 아이들의 웃음소리 같은 것들을 제 안에 성실히 기록합니다. 이런 작은 관찰들이 쌓이자, 제 삶은 이전과 비교할 수 없을 정도로 풍요로워졌습니다.

자연스럽게 타인을 향한 시선도 달라졌습니다. 과거의 저는 SNS 속 화려한 성공에 끊임없이 저를 비교하며 조급해했습니다. '저 사람은 저런 성과를 냈는데, 나는 지금 뭘 하고 있나' 하는 자책과 질투가 저를 갉아먹었습니다.

하지만 이제 저는 타인의 삶을 부러워하는 데 시간을 낭비하지 않습니다. 제 삶의 고유한 결을 발견하고 음미하는 것만으로도 하루가 벅차기 때문입니다.

타인의 멋진 휴양지 사진보다 창가에 스며드는 오후의 햇살 한 줌이, 그들의 값비싼 자동차보다 제 발에 꼭 맞는 편안한 신발을 신고 걷는 산책길이 제게는 더없이 소중합니다. 남들이 부러워할 만한 삶이 아닌, 나 자신이 온전히 만족하는 삶. 그 단단한 중심이 제 안에 생겨난 것입니다. 제 삶이 이미 가치로 가득 차 있다는 믿음은, 타인의 기준에 흔들리지 않는 건강한 자존감으로 뿌리내렸습니다.

'딴짓'과 '관찰'이 만들어낸 기적

제가 이끄는 조직에도 이러한 변화의 바람이 불기 시작했습니다. 과거의 저는 결과만을 추구하는 냉소적인 리더였습니다. 하지만 이제는 과정의 아름다움을 발견하고 음미하는 태도를 동료들과 함께 나누려 노력합니다.

한번은 새로운 카페 메뉴 개발이 몇 주째 난항을 겪고 있었습니다. 팀원들은 모두 지쳐 있었고, 회의실에는 무거운 침묵만이 흘렀습니다. 과거의 저였다면 "왜 이것밖에 못 하냐"라며 다그치고 밤샘을 해서라도 결과를 만들어내라고 압박했을 것입니다.

하지만 저는 팀원들에게 뜻밖의 제안을 했습니다. "오늘은 다 같이 일하지 맙시다. 대신 각자 가장 맛있는 점심을 먹고, 가장 좋아하는 장소에 가서 딱 세 시간만 아무것도 하지 말고 '딴짓'을 하고 오세요."

처음에는 어리둥절하던 팀원들은 반신반의

하며 흩어졌습니다. 그리고 세 시간 뒤, 사무실로 돌아온 그들의 표정은 놀라울 정도로 밝아져 있었습니다. 한 팀원은 동네 서점에서 우연히 펼친 요리 잡지의 사진 구도에서 영감을 얻어 새로운 음료 플레이팅 아이디어를 가져왔습니다. 또 다른 팀원은 공원에서 뛰어노는 아이들이 들고 있던 솜사탕을 보고 디저트 메뉴에 대한 획기적인 아이디어를 떠올렸습니다. 생산성에만 몰두했을 때는 결코 나오지 않았을 창의적인 아이디어들이, 의도적인 '딴짓'과 '관찰'의 시간을 통해 샘솟은 것입니다.

이 경험을 통해 저는 확신하게 되었습니다. 위대한 모든 것들은 결국 작은 아름다움들을 발견하는 자들의 특권이며, 때로는 비효율적으로 보이는 시간이 가장 위대한 효율을 낳는다는 것을요.

저는 구성원들이 각자의 자리에서 작은 '일상 탐험가'가 되기를 독려합니다. 마케터에게는 데이터 분석 보고서에만 매몰되지 말고, 우리가 운영하는 카페에 앉아 손님들의 표정과 대화를 '관찰'하는 시간을 갖게 합니다. 디자이너에게는 컴퓨터 앞에만 앉아 있지 말고, 미술관에 가거나 오래된 골목길을 산책하며 세상의 색과 형태를 '음미'하라고 권합니다.

구성원들이 자신의 일상과 업무 속에서 스스로 의미와 아름다움을 발견하기 시작하자, 조직 전체의 활력과 창조성도 함께 폭발적으로 증대되었습니다. 더 이상 리더의 지시만을 기다리는 수동적인 조직이 아닌, 각자가 자신의 자리에서 새로운 가치를 탐험하고 창조하는 살아 있는 유기체로 거듭나고 있습니다.

죽어도 여한이 없는 하루

거짓말 같겠지만, 지금의 저는 공허함을 언제 느꼈나 싶을 정도로 마음이 충만합니다. 거의 매일을 그런 감정과 기분으로 살아갑니다. 과장 하나 보태지 않고 '죽어도 여한이 없다'라는 생각이 자연스럽게 듭니다.

이것은 삶을 포기했다는 비관적인 의미가 결코 아닙니다. 오히려 그 반대입니다. 오늘 하루를 너무나 충실하고 완벽하게 살아냈기에, 설령 내일이 오지 않는다고 해도 후회가 없다는 역설적인 만족감이자 자신감입니다.

저는 더 이상 흘러가는 대로 살지 않습니다. 저의 하루를 세심하게 들여다보고, 마치 소중한 정원을 가꾸듯 정성껏 보살핍니다. '성실한 하루'를 보냈다는 생각에 매일 밤 침대에 누울 때면,

'아, 오늘 정말 잘 살았다'라는 따뜻한 충만함이 물밀듯이 밀려옵니다.

이 책을 읽는 당신에게도 묻고 싶습니다. 당신은 결과를 위해 오늘을 저당 잡히고 있습니까, 아니면 오늘이라는 과정을 온전히 향유하고 있습니까. 어떤 경험이든 가치를 따지거나 결과를 미리 생각하지 말고, 그저 과정 속으로 온전히 뛰어들어 보길 바랍니다. 내 온몸으로 이 순간, 이 경험, 이 인생을 100퍼센트 남김없이 살아내고 있다는 그 생생한 살아 있음의 감각을 느껴보길 바랍니다. 그 감각이야말로 우리를 지독한 공허에서 구원하고, 진짜 나의 삶, 진정한 충만으로 이끌어줄 유일한 길잡이이기 때문입니다.

삶이라는
광활한 숲을 거니는

'일상 탐험가'로
살기로 결심했습니다.

행복이란 무엇인가

　오랫동안 저는 행복이라는 감정을 일종의 '전리품'이라 여겨왔습니다. 치열한 전투 끝에 얻어내는 값진 승리, 혹은 험준한 등반 끝에 마주하는 정상의 풍경처럼 말입니다. 책상 위에서 밤을 새워 마침내 마음에 드는 문장을 얻었을 때, 출간한 책이 베스트셀러 목록에 올랐다는 소식을 들었을 때, 또 하나의 카페를 열고 그곳에 사람들이 모여드는 모습을 볼 때, 저는 비로소 '행복할 자격'을 얻었다고 믿었습니다. 성취는 원인이고, 행복은 그에 따르는 당연한 결과여야 했습니다.

그러나 서재의 불이 꺼지고, 축하의 메시지들이 잠잠해진 새벽, 텅 빈 사무실에 홀로 남겨질 때면 어김없이 불청객 같은 질문이 찾아왔습니다. '그래서, 지금 너는 행복하니?' 그 질문 앞에서 저는 늘 대답을 망설였습니다.

성취의 순간이 안겨준 쾌감은 놀라울 만큼 빠르게 증발했고, 마음의 계좌에는 허무라는 이자만이 쌓여가는 기분이었습니다. 마치 평생을 좇아온 행복이 사실은 존재하지 않는 신기루일지도 모른다는 잔인한 의심, 그것이 제가 글을 쓰고 사업을 하며 가장 깊이 마주해야 했던 공포의 실체였습니다.

'행복은 마음먹기 나름'이라는 세상의 다정한 위로는 그래서 저에게 더 폭력적이었습니다. 그것은 마치 방향을 잃고 표류하는 사람에게 "더 힘껏 노를 저으면 육지가 나올 거야"라고 외치는 것과 같았습니다. 노를 젓는 행위 자체가 목적이 될 수 없듯, 행복해지려는 노력 자체가 스스로를 구원해 주지는 못했습니다. 오히려 '왜 나는 이토록 노력하는데도 충만하지 못할까'라는 자책감만 깊어질 뿐이었죠.

그러다 우연히, 행복이 감성의 영역이 아닌 지극히 과학적인 뇌의 작용이라는 진실을 마주했습니다. 행복감의 50퍼센트가량이 유전자에 의해 결정된다는, 태어날 때부터 우리는 각자 다른 '행복의 기본값'을 가지고 태어난다는 냉정한 사실을 말입니다. 처음에는 거부감이 들었습니다. 내 모든 성취와 의지를 부정당하는 기분이었습니다.

하지만 이내 그것이 오랜 방황에 대한 가장

명쾌한 해답임을 깨달았습니다. 저는 행복이라는 경주에서 남들보다 조금 불리한 출발선에 서 있었을 뿐입니다. 그것은 실패가 아니라, 그저 나의 '설정값'이었을 뿐이라는 것을 말이죠. 이 사실을 인정하자, 비로소 행복을 향한 강박적인 의무감에서 벗어나 나 자신을 객관적으로 바라볼 힘이 생겼습니다.

그렇다면 제가 그토록 목숨 걸고 추구했던 성취는 대체 무엇이었을까요? 수십억의 매출, 베스트셀러 작가라는 타이틀, 도시 곳곳에 나의 흔적을 남기는 일들. 이 모든 것이 행복을 위한 것이 아니었다면, 저는 무엇을 위해 그토록 달려온 것일까요?

뇌과학은 또 하나의 불편한 진실을 알려주었습니다. 인간의 뇌는 행복하기 위해 진화한 것이 아니라, 생존하기 위해 진화했다는 것. 그리고 그 과정에서 행복감은 생존에 유리한 행동을 반복하게 만드는 '보상' 또는 '미끼'에 불과했다는 사실입니다.

수만 년 전, 우리의 조상들이 굶주림을 피하고 무리 안에서 자신의 존재를 증명해야만 살아남을 수 있었던 것처럼, 저 역시도 이 치열한 현대 사회에서 살아남기 위해 본능적으로 발버둥 쳤던 것입니다.

회사의 연 매출 100억이라는 목표는 단순히 돈을 벌기 위함이 아니었습니다. 그것은 변화하는 시장에서 나의 동료들이 일자리를 잃지 않을 단단한 방어막을 구축하는 행위였습니다. 새로운 책의 원고에 매달리는 것은 독자들의 인정과 사랑을 통해 '작가 김상현'이라는 사회적 생명을 연장하려는 처절한 몸부림이었습니다. 카페의 공간을 채우는 커피 향과 사람들의 온기는, 내가 이 사회로부터 고립되지 않았다는 안도감을 주는 가장 확실한 증거였습니다.

결국 저의 모든 성취는 '생존과 번식'이라는 거대한 본능의 현대적 발현이었던 셈입니다. 타인에게 '멋진 사람'으로 보이고 싶은 욕구, 내 이름과 내 회사가 잊히지 않기를 바라는 마음, 이 모든 것은 무리에서 도태되지 않고 나의 유전자를, 나의 이야기를 다음 세대에 남기려는 원시적인 욕망의 다른 이름이었습니다.

이 깨달음은 저를 허무하게 만들지 않았습니다. 오히려 그 반대였습니다. 저의 불안과 욕망의 근원을 이해하게 되자, 비로소 성취라는 게임을 조금 더 담담하게, 그리고 즐겁게 플레이할 수 있게 되었습니다.

행복은 강도가 아닌 빈도입니다. 성취의 짜릿함과 일상의 온기 사이에서 저는 오랫동안 행복을 '한 방'으로 해결하려 했습니다. 인생을 뒤바꿀 만한 결정적인 성공, 모두가 우러러볼 만한 압도적인 성취가 나를 영원한 행복의 땅으로 데려다줄 것이라 믿었습니다.

하지만 주식 포트폴리오의 수익률 그래프처럼, 짜릿한 급등 뒤에는 반드시 조정과 하락이 찾아왔습니다. 뇌는 그 어떤 강렬한 자극에도 빠르게 적응했고, 어제의 영광은 오늘의 일상이 되었습니다.

진정한 행복의 열쇠는 다른 곳에 있었습니다. 그것은 강도가 아닌 빈도에 있었습니다. 거대한 성취가 주는 단 한 번의 강렬한 쾌감보다, 일상에서 느끼는 소소하고 확실한 즐거움의 총합이 훨씬 중요하다는 것을, 저는 저의 일터에서 배울 수 있었습니다.

이른 아침, 아무도 없는 카페 공명에 들러 원두를 갈 때 코끝을 맴도는 그윽한 향기. 수백 번의 퇴고 끝에 새 원고의 첫 문장이 마침내 제자리를 잡았을 때의 고요한 희열. 직원들과 점심을 먹으며 나누는 시시껄렁한 농담과 웃음. 아내와 함께 떠났던 방콕의 어느 저녁, 식탁 위에서 오가던 평범한 대화들. 이 모든 순간들은 결코 베스트셀러 목록이나 재무제표에 기록되지 않습니다. 하지만 나의 행복 계좌를 꾸준히 채워주는 것은 바로 이런 작고 빈번한 입금들이었습니다.

이제 저는 성취와 행복 사이에서 위태로운

줄타기를 합니다. 거대한 목표를 향해 전력으로 질주하면서도, 길가에 핀 들꽃의 아름다움을 놓치지 않으려 애씁니다. 장기적인 성장을 위해 오늘의 손실을 감내하면서도, 오늘 마시는 커피 한 잔의 완벽한 맛을 포기하지 않습니다.

이것이 바로 제가 찾은 '성취와 행복을 조율하는 법'입니다. 행복은 미래의 어느 날 도달해야 할 목적지가 아니라, 지금 이 순간의 경험 속에서 발견하고 채워나가야 할 구체적인 감각의 총합이기 때문입니다.

결론적으로, 행복에 대한 오랜 변명은 끝났습니다. 저는 더 이상 행복을 좇지 않습니다. 행복해지기 위해 애쓰지도 않습니다. 대신, 저의 유전적 기질을 인정하고, 스스로의 불안한 욕망의 근원을 이해하며, 일상 속에서 구체적인 쾌감을 수집합니다.

    책과 커피, 그리고 좋은 사람들과의 연결 속에서. 행복은 거창한 관념이 아니었습니다. 그것은 제 삶의 모든 순간에 깃들어 있는, 지극히 현실적이고 과학적인 경험이었습니다. 그리고 이러한 경험들을 그러모아 또 한 편의 글을 쓰고, 또 하루를 살아냅니다.

행복은
강도가 아닌
빈도입니다.

적당한 야망과 높은 행복 사이에서
― 균형은 결국, 태도의 다른 이름이다

통영시청의 초대를 받아 청년들과 함께하는 강연을 다녀왔습니다. 기획예산실 직원분들이 놀라울 만큼 행사를 세심하게 준비해 주셨고, 융숭한 대접이라는 표현이 어색하지 않을 정도로 따뜻하게 챙겨주셨습니다. 덕분에 저도 통영 청년들과 아주 좋은 시간을 보낼 수 있었고, 강연 내내 사람들의 웃음과 집중이 공간을 가득 채웠습니다.

그 눈빛 속에선 '정말 알고 싶어 하는 마음'

이 느껴졌고, 덕분에 저 역시 제가 가진 이야기들을 마음껏 풀어놓을 수 있었습니다. 아무리 말에 능한 사람이라도, 듣는 이의 마음이 열려 있어야 진심을 꺼낼 수 있다는데, 그런 면에서 저는 정말 복 받은 강연가입니다.

강연이 끝나고 질문을 받는 시간. 한 손이 올라왔고, 그는 조심스럽게 물었습니다. "작가님, 일과 사랑, 행복과 성취 중에서 어떤 걸 더 우선시해야 할까요?" 묘하게 뭉클해지는 질문이었습니다. 질문 그 자체가 꼭 오래도록 혼자 품고 있던 어떤 고민 같았기에. 저는 말문을 잠시 닫았다가, 천천히 이렇게 답을 시작했습니다.

"질문 감사합니다. 반갑네요! 저 역시도 인생은 '일과 사랑' 이 두 가지로 이뤄져 있다고 생각하고, 그 덕분에 한 인간이 성장하고 성숙해진다고 믿고 있어요. 그렇지만 '결국 인생이란 모순된 것들 사이에서 밸런스를 부단히 잡아가는 일'이라는 생각입니다.

인생은 짧지만, 동시에 길죠. 인생이 짧으니까 오늘이 마지막인 것처럼 즐겨야 하지만, 인생은 또 기니까 내일을 맞이할 준비를 하고 기약 없는 미래나 보장되지 않은 성과를 위해 묵묵히 무언가를 해야 할 때도 있습니다.

어쩌면 우리의 삶은 아찔한 외줄 위에 서 있는 광대와도 같습니다. 한쪽 끝에는 '성취'가, 다른 쪽 끝에는 '행복'이 매달려 있죠. 우리는 그 위태로운 줄 위에서 평생 균형을 잡아야 하는 존재들입니다.

많은 사람이 줄 위에서 발만 내려다보며 위태

롭게 걷는 데에만 급급합니다. 하지만 진정한 고수는 발이 아닌 저 멀리 있는 목적지를 응시하며 걷는다고 하죠. 그리고 그들의 손에는 균형을 잡아주는 긴 장대가 들려 있습니다.

그 장대가 바로 '나만의 기준'입니다. 무엇을 더 중요하게 여길지, 어느 쪽으로 무게를 실을지 스스로 정한 단단한 기준 말입니다. 결국 무엇을 선택하든 그에 상응하는 이점과 결점은 모두 제가 감당해 내야 할 몫입니다. 그렇기에 '나만의 기준'이 필요한 거예요. 저를 예로 들면, 제 기준을 한 문장으로 정의했어요.

'적당한 야망과 높은 행복을 추구하자'라고 말이죠. 저울의 기울기를 행복에 맞춘 셈입니다. 일에 미쳐 있는 상태에서 느꼈던 성취감보다 사랑하는 사람과 맛있는 걸 먹었을 때 느낀 행복감이 제게는 조금 더 소중했기 때문입니다.

무얼 선택하느냐는 질문해 주신 독자님의 몫이겠지만, 저는 자신만의 기준을 명확하게 해 보셨으면 한다는 말로 답변을 드릴 수 있을 것 같아요. 답변이 되셨을까요?"

저도 한때는 일에 모든 걸 걸고 살았습니다. 새벽 두 시에 사무실 불을 끄고 나가면서도 '나는 지금 되게 멋진 삶을 살고 있다'라고 믿고 싶었습니다. 매출과 수치, 타인의 인정이 유일한 존재의 증명처럼 느껴지던 시절도 있었습니다.

그런데 어느 날, 아무 이유 없이 눈물이 났습니다. 그날은 이상하리만치 모든 일이 잘 풀린

날이었는데도 말입니다. 그때 알았습니다. 나는 지금, 불행한 성취를 하고 있구나. 성취감에 취해 잠시 기뻤지만, 그 기쁨이 썰물처럼 빠져나간 자리에는 공허함이라는 갯벌만 남아 있었습니다. 영혼이 바스러지고 있었던 것입니다.

저는 이 지점에서 일본의 전통 공예인 '긴쓰기(金継ぎ)'를 떠올렸습니다. 긴쓰기는 깨진 도자기를 옻칠로 이어 붙이고, 그 이음새를 금가루로 장식하는 기법입니다. 긴쓰기 장인들은 그릇의 깨진 흔적을 부끄러워하거나 숨기지 않습니다. 오히려 그 칠흑 같은 균열을 세상에서 가장 빛나는 황금빛 맥락으로 바꿔놓습니다. 결국 상처를 통해 그릇은 이전과 비교할 수 없는 고유한 아름다움과 더 단단한 가치를 지니게 됩니다.

어쩌면 저에게 불행한 성취의 경험은 그릇

이 산산조각 난 순간과도 같았습니다. 하지만 그 조각들을 다시 그러모아 '적당한 야망과 높은 행복'이라는 황금으로 이어 붙였을 때, 제 삶은 비로소 이전에는 없던 고유한 무늬를 갖게 되었습니다.

성취의 균열 사이로 행복이라는 금빛 가루가 스며들자, 제 삶은 더 이상 위태롭지 않고 충만해졌습니다. 제가 사랑하는 사람과 식사를 나눌 때 느끼는 기쁨이, 어떤 프로젝트를 성공시켰을 때의 성취보다 더 단단한 가치가 있다는 것을 깨달았기 때문입니다.

그 말을 듣고, 그는 고개를 끄덕였습니다. 그 대화가 잘 닿았는지 확신은 없었지만, 강연이 모두 끝나자 그는 사인 요청과 함께 제게 와서 작은 쪽지를 건넸습니다.

"방금 작가님 말씀, 지금 옆에 있는 제 사람이랑 나눌게요. 정말 감사했습니다."

그는 제 책에 글귀 하나를 적어달라고 했고, 저는 조심스럽게 썼습니다.

모순된 것들 사이에서 균형을 잡는 것은
당신만의 방식으로, 당신의 속도로.

모순된 것들 사이에서 부단히 밸런스를 맞추는 일. 깨진 조각들을 외면하지 않고 자신만의 황금으로 기꺼이 이어 붙이는 일. 어쩌면 우리 모두가 게을리하지 말아야 할 숙제와도 같은 일일 것입니다. 늘 게을러지지 않길, 나만의 기준점을 찾고 그 균형을 아름답게 잡아나갈 수 있길 바라는 마음으로 하루를 대할 수 있길 바랍니다.

'적당한 야망과
높은 행복'이라는
황금으로 이어 붙였을 때,

제 삶은 비로소
이전에는 없던
고유한 무늬를
갖게 되었습니다.

고민해 본 자들의
특권

재작년부터 올해 내내 몇 가지 생각들이 꼬리에 꼬리를 물고 저를 좀처럼 놓아주지 않는 것만 같았습니다. 권태로움도 동반되었습니다. '하긴 해야겠는데', '지금까지 어떻게 이뤄냈는데', '적당히 하자' 등의 타협과 '하기 싫어 죽겠지만 그래도 해야지' 같은 비자발적인 동기들이 저를 다시 일으켜 세웠습니다.

군대에 있을 때를 떠올려봅니다. '전역만 하면!'이라는 생각으로 근무가 끝나고 밤을 새워 글을 쓰고 사업을 구상했던 나날들을 돌이켜 봅니다. 매출을 어느 정도 달성하면 돈과는 거리가 멀어질 것이고, 멋진 삶을 꾸려나가고 있을 모습을 상상하던 저를 곱씹어 봅니다.

그때의 저는 지금의 내 모습을 원했을까요. 반은 맞고, 반은 틀린 것 같습니다. 재작년부터 꼬리를 무는 생각과 권태는 30kg이나 살찌웠습니다. 사업은 제가 생각한 것보다 잘 되고 있지만, 원하는 방향이 아닐 때가 더러 있습니다. 스스로가 더 뛰면 해결이 되는 일임에도 방치한 권태가 발목을 붙잡습니다.

이런 무기력한 상태는 마치 머릿속에 안개가 자욱하게 낀 것만 같았습니다. 문제의 윤곽은 어렴풋이 보이는데, 아무리 손을 뻗어도 잡히지 않는 느낌처럼 말이죠.

이럴 때 우리는 흔히 더 치열하게 파고들어야 한다고 생각하지만, 뇌과학자들은 오히려 그 반대를 이야기합니다. 문제에 극도로 몰입하는 '집중 모드(Focused Mode)'에서 벗어나 뇌가 자유롭게 배회하도록 내버려두는 '분산 모드(Diffuse Mode)'로 전환될 때, 창의적인 해결책이 떠오를 가능성이 높다는 것입니다.

이는 단순히 현대 심리학의 발견이 아니라, 역사를 관통하는 창의성의 패턴이기도 합니다. 아르키메데스가 왕관의 부피를 재는 문제로 골머리를 앓다가, 모든 걸 내려놓고 목욕탕에 들어간 순간 "유레카!"를 외치며 부력의 원리를 발견한 일화는 너무나도 유명합니다.

그는 문제를 잊었을 때 비로소 해답을 찾았습니다. 초현실주의 화가 살바도르 달리 역시 이 원리를 기이한 방식으로 활용했습니다. 그는 안락의자에 앉아 금속 접시 위에 무거운 열쇠를 든 채로 낮잠을 자곤 했습니다. 잠이 드는 순간 손에 힘이 풀려 열쇠가 접시 위로 떨어지며 '쨍!' 하는 소리에 깨어나, 방금 전 무의식에서 건져 올린 기묘한 이미지들을 캔버스에 옮겼습니다. 달리는 의도적으로 '분산 모드'의 문턱을 넘나들며 잠재의식의 파편들을 훔쳐낸 것입니다.

물론 저의 '인큐베이션 효과(Incubation Effect)'가 부력의 원리를 발견하거나 초현실주의 걸작을 그리는 것처럼 거창하지는 않았습니다. 저의 분산 모드는 그저 멍하니 유튜브를 보거나, 의미 없이 냉장고 문을 여닫는 행위로 나타났을 뿐입니다. 그 권태와 무기력은 실패의 징후가 아니라, 어쩌면 뇌가 스스로를 위해 마련한 서투른 '달리의 열쇠'였을지도 모릅니다.

문득 들었던 생각에 인생이 바뀌기도 합니다. 인간의 생각이라는 건 참으로 고귀하고 신기한 터라, 쌓이고 쌓인 생각들이 어느 한순간 넘쳐흐르며 정말 기별도 없던 무언가를, 가슴에 콕 박힐 생각을 하게 만들기도 하지요.

저 역시도 '갑자기' 꼬리를 물던 생각이 예고도 없이 촤라락 풀려버렸습니다. 이렇게 해도 안 될 것 같고, 저렇게 해도 안 될 것 같던 것들. 도무지 실마리를 찾을 수 없어 마음속엔 이미 짐이 되었지만, 알고도 모른 척한 것들이 그냥 '갑자기' 해결된 것처럼 말끔해졌습니다.

'어떻게 이렇게 쉽게 풀리지?', '이렇게 하면 되는 거였잖아' 하는 생각과 해결책들이 속수무책으로 들이닥칩니다. 이제는 제가 제일 잘하는 행동만 하면 됩니다. 아, 정말, 쉽습니다.

저는 방금 냉장고에서 돼지바를 꺼내다가 이 순간을 경험했습니다. 저는 제가 겪은 이런 경험을 '고민해 본 자들의 특권'이라 명명하고 싶어졌습니다. 말도 안 되는 순간에 찾아오는 경험. 입가에 미소가 번집니다. 내일이 기대되고, 다시 그려갈 방향이 잡혔다는 생각이 듭니다. 또 다른 인생 터닝포인트가 된 것만 같습니다. 뭐든 해낼 수 있을 것만 같습니다.

그러니 계속 고민해야 합니다. 그 지독한 시간들이 없었다면, 돼지바 하나에 우주를 경험하는 듯한 이 희열도 없었을 테니 말이죠. 고민은 때로 스스로를 잠식하는 어둠 같고, 벗어날 수 없는 늪처럼 느껴집니다. 그 안에서 허우적거리는 동안 우리는 종종 스스로를 탓하고, 정체되어 있다고 자책합니다. 하지만 그 시간은 결코 멈춰 있는 것이 아닙니다. 수면 아래에서 발을 젓듯, 우리의 영혼은 가장 치열하게 움직이고 있습니다.

고민과 베스트프렌드도 됐다가, 거들떠도 보기 싫은 것처럼 대하다가도, 다시 끌어안아 줘야만 하는 것입니다. 그것은 마치 대장장이가 무쇠를 불에 달구고 수없이 망치로 내리치는 과정과 같습니다. 뜨겁고 고통스럽지만, 그 담금질의 시간이 있어야만 비로소 단단하고 예리한 검이 태어납니다. 쉽게 얻은 답은 쉽게 무뎌지지만, 고뇌의 불꽃 속에서 벼려낸 해답은 삶의 어떤 순간에도 빛을 잃지 않는 법입니다.

그럼 그제서야 '고민해 본 자들의 특권'을 누릴 수 있게 되기 때문입니다. 만약 당신이 지금 끝없는 고민의 터널을 지나고 있다면, 당신은 실패하고 있는 것이 아니라 가장 위대한 벼림의 과정에 있는 것입니다.

내가 걸어온 발자국들을 되돌아보는 것도 중요한 일입니다. 수많은 책을 쓰고 출판사와 카페를 10년간 이끌어오며 제가 느낀 것은, '정의하기'라는 행위가 모든 변화의 출발점이라는 것입니다. 내가 지금 붙잡으려는 목표가 무엇인지, 어떤 삶을 원하고 있는지, 무엇을 두고 '잘 살고 있다'라고 할 수 있는지. 그것들을 스스로 명명할 수 있어야 비로소 제대로 싸울 수 있습니다.

저는 종종 상상합니다. 아무도 없는 무대 위에 올라, 스스로를 향해 마이크를 들이대는 장면을. "나는 이런 삶을 원한다", "이게 나의 방식이다"라고 당당하게 말해보는 연습. 괜히 부끄럽고, 누가 들으면 웃을 법한 선언일 수도 있습니다. 하지만 그런 순간들이 쌓여, 흐릿한 욕망이 또렷한 방향이 되고, 방향은 곧 추진력이 됩니다.

누군가 만들어놓은 기준에 꿰맞추는 삶이 아니라, 내가 정의한 '무엇'을 향해 가는 삶. 그것이 글을 쓰고 사업을 운영하는 저에게는, 결국 '나만의 오리지널리티'를 만드는 일이라고 생각합니다. 뜬구름 같던 생각이 문장으로 붙잡히고, 문장이 브랜드가 되고, 브랜드가 누군가의 시간과 마음을 점유하는 순간. 그때 비로소 '나는 결국 나다'라는 아주 단순하지만 강력한 문장이 완성됩니다.

늘 고민하는 사람의 모습을 동경합니다. 그들이 내놓은 무수한 것들을 다시 곱씹어 봅니다. 실크가 풀어지듯 풀린 고민을 어루만지고 되새겨 봅니다. 조금은 성장한 것만 같습니다.

만약 당신이 지금
끝없는 고민의 터널을
지나고 있다면,

당신은 실패하고
있는 것이 아니라

가장 위대한
벼림의 과정에
있는 것입니다.

변명 대신
책임을 택하는 자세

 나는 지금 어떤 태도를 가지고 있는가, 스스로에게 묻지 않을 수 없습니다. 혹시 성장에만 목이 말라 정작 중요한 사람들, 곁에서 묵묵히 함께해 준 이들을 놓치고 있던 것은 아닌가? 성공에 대한 역치가 너무 올라버려서, 일상에서 발견할 수 있는 작은 기쁨과 소소한 성취를 더 이상 느끼지 못하게 된 것은 아닌가?

 성장, 행복, 성취, 지속 가능성, 숫자, 그리고 본질. 제가 중요하게 생각하는 이 가치들 사이에서 어떻게든 균형을 잡아야겠다고 다짐합니다. 나의 태도, 나의 그릇이 결국 이 조직의 운명을 결정한다는 무거운 책임감을 느낍니다.

이 무거운 책임을 감당하게 하는 힘, 그 원동력은 무엇이었을까. 코로나 시기처럼 앞이 보이지 않을 정도로 캄캄했던 순간, 그럼에도 불구하고 나아갔던 이유는 무엇이었을까. 그것은 아마도 처음 사업을 하겠다고 마음먹었을 때부터 지금까지 지켜온 무언가, 나의 성취와 조직의 영향력을 통해, 나와 함께하는 사람들이 진심으로 행복했으면 하는 그 마음이었을 것입니다.

동력을 잃은 것 같은 때면, 저는 다시 한번 무한 동력으로 달려왔던 그 나날들을 돌이켜 봅니다. 그리고 그 근간에는 '생각은 항상 실현된다'는 강력한 믿음이 자리하고 있었습니다. 저는 항상 이런 생각들을 가지고 삽니다. '아니, 그러니까 어떻게든 될 거라니까?', '지금 나는 이토록 간절하고, 내 모든 관심과 시간은 오직 여길 향해 있어', '그러니까 어떻게든 될 거야.' 생각하고 있는 일들만이 현실이 될 수 있습니다. 생각지도 않았던 일이 저절로 이루어질 수는 없습니다.

그런 의미에서 제가 이제껏 겪어온 모든 일에 대한 교훈을 단 한 문장으로 정의하자면, '생각은 항상 실현된다'라는 것입니다. 물론 이 강한 의지는, 그저 막연한 바람이 아니라, 일말의 가능성을 믿는 것에서부터 시작됩니다.

그리고 그 희미한 가능성을 현실로 만들어내기 위한 엄청난 인고의 시간과 노력, 치밀한 계획과 누구보다 치열했던 순간들이 반드시 뒷받침되어야 합니다.

하지만 그 모든 노력을 투입하게 만드는 최초의 에너지, 그 일말의 믿음조차 없다면 모든 것은 무용지물이 되고 맙니다. "이래서 안 돼, 저래서 안 돼"라며 안 될 이유만 찾고 있을 거라면, 도대체 언제 할 것이고, 언제 될 것이냐는 말입니다. 어떻게든 잘될 방법을 찾고, 반드시 잘되게 만들어야 합니다. 어떻게든 된다는 그 절박한 믿음이 있다면 방법은 어떻게든 나오기 마련입니다. "안 된다"라는 것은 없습니다. 그냥 안 해본 것입니다. 혹은, 그만큼 간절히 원하지 않아서 하기 싫은 것일 뿐입니다.

이러한 태도는 자연스럽게 '변명하지 않는 자세'로 이어집니다. 무슨 일이 있더라도, 어떤 결과가 나오더라도 변명하지 않는 자세가 필요합니다. 상사가 시킨 일을 할 때에도, 내가 간절히 해보고 싶었던 일을 할 때에도, 늘 무언가는 부족하기 마련입니다. 주로 부족한 것들은 예산과 시간 같은 자원들입니다. 그런 것들은 일의 경중을 막론하고 언제나, 항상 부족합니다.

그리고 가끔은 정말로 예상치 못한 외부의 변수가 발목을 잡기도 합니다. 하지만 저는 어떤 상황에서도, 그 어떤 순간에서도 변명하지 않으려고 노력합니다. 설령 그 부족했던 자원들이 기적처럼 충분히 주어졌더라도, 결과는 크게 달라지지 않았을 것이라고 믿기 때문입니다.

무언가는 매번 모자라고 부족합니다. 이것은 특수한 상황이 아니라 우리가 마주하는 일상의 보편적인 조건입니다. 저는 종종 이런 이야기와 상황을 접할 때면, 외부의 요인을 탓하기보다 조용히 스스로의 역량에 대해 생각해 보곤 합니다.

외부의 요인이 부족하다는 것은 누구나 알 수 있는 명백한 사실입니다. 하지만 정작 그 부족함 속에서 일하는 나 자신의 역량과 능력에 대해서는 냉철하게 고민하는 일이 드뭅니다. 계속 말씀드리지만, 늘 주어지는 것들과 또 해내야 하는 것들을 비교해 보면 수많은 것들이 부족합니다.

그 명백한 부족함 안에서, 그 척박한 환경 속에서 어떻게든 결과를 만들어내는 것, 그것이 바로 나의 진짜 '역량'이 될 것입니다.

어떻게든 된다는
그 절박한 믿음이 있다면

방법은 어떻게든
나오기 마련입니다.

**과거의 나에게
빈다**

　과거의 저는 어떤 결과를 앞두고 믿지도 않았던 신을 찾아 제발 잘되게 해달라고 빌기도 했으며, 좋지 않은 결과가 나오면 모든 걸 탓해보기도 했습니다. 교회도 법당도 제대로 나가본 적 없는 사람이 어떨 땐 간절하다가 어떨 땐 탓하는 것도 웃긴 일이긴 합니다만, 그것만이 제가 할 수 있는 일이었기 때문인 게 큰 이유일 것입니다.

　그러나 요즘의 저는 과거의 저에게 간절히 빕니다. 부디 그간의 노력이 밀도 있었기를, 전략이 촘촘하게 짜였기를, 좋은 결과를 오래 유지할 힘을 길러두었기를, 나만 행복한 게 아니라 모두를 행복하게 할 선택을 했기를.

이제 저의 기도는 신이 아닌, 제가 걸어온 시간에 닿습니다. 그 기도에 담긴 염원들은 허공에 흩어지는 독백이 아니었습니다. 가령 카페의 시그니처 메뉴 하나를 위해 수백 번의 테이스팅을 거듭하며 완벽한 밸런스를 찾던 시간들, 책의 한 문장을 위해 수십 권의 서적을 뒤적이며 가장 적확한 표현을 고민하던 밤들이 바로 그 '밀도'의 증거였습니다. 유동인구가 아닌, 우리가 원하는 결의 사람들이 모이는 골목을 선택했던 과감함, 단순히 예쁜 공간이 아닌, 머무는 내내 영감을 줄 수 있는 이야기로 공간을 채웠던 기획력이 촘촘한 전략을 대변했습니다. 일시적인 유행에 편승하기보다 우리만의 색깔을 지키며 단골을 만들고, 직원들에게는 안정적인 성장의 발판을 마련해주며, 찾아오는 손님들에게는 온전한 위로와 기쁨을 주려 했던 노력, 그것이 결과를 오래 유지할 힘이자 모두를 행복하게 할 선택이었다고, 저는 조용히 확신했습니다.

그러니까 언젠가 과거가 될 오늘도 허투루 보내지 않기 위해 노력합니다. 언젠가 빛게 될 오늘이 헛되지 않게끔 말입니다.

최근 책도 잘되고 카페도 잘되다 보니, 수많은 강연과 강의 문의가 옵니다. 그중 브랜드와 공간 기획에 대한 강의 요청이 있었는데, 한 시즌 동안 소수의 인원에게 제가 겪은 꿀팁과 노하우를 모아 하는 강의였습니다. 한 번도 생각하지 않았던 제안이었고, 처음 제안을 들었을 땐 '감히 내가?'라는 생각이 들었습니다.

하지만 가만 생각해 보니, 과거의 제가 이뤄 온 결과물들은 꽤 밀도 있고 촘촘한 전략으로 좋은 결과를 오래 유지하였으며, 저만이 아닌 모두를 행복하게 할 선택을 해왔다는 생각이 깊게 들었습니다. 그래서 바로 수락했습니다.

강의를 준비하며 확신은 더욱 커졌습니다. 잊고 있던 과정들이 파노라마처럼 스쳐 지나가며 스스로를 증명해 주었기 때문입니다. '그동안 잘되기 위해 하나하나 차곡차곡 잘 쌓아왔구나' 싶은 마음에서 비롯된 확신이었습니다. 그렇게 어떻게든 된다는 막연한 믿음으로 버텨온 날들은, 어느새 '이렇게 하면 되겠다'라는 저만의 감각을 만들어줬습니다. 감은 반복될수록 단단한 논리를 갖춘 전략과 비전이 되었고, 저의 전략과 비전은 뜻을 함께하는 좋은 사람들을 곁에 모이게 했습니다.

풀어낼 이야기가 너무 많으니 엉키지 않도록, 한 땀 한 땀 신중하게 공들이다 보면, 분명 더 나은 내일을 맞이할 거라는 마음으로 하루를 보냅니다. 저는 오늘도 그렇게, 미래의 제가 기댈 수 있을 단단한 과거를 만들기 위해 제 안을 꽉 채우는 일에 집중합니다.

요즘의 저는
과거의 저에게
간절히 빕니다.

부디 그간의 노력이
밀도 있었기를,
전략이 촘촘하게 짜였기를,

좋은 결과를 오래 유지할
힘을 길러두었기를.

일, 성장, 그리고 대체 불가능한 존재

이상과 현실의 괴리 속에서, 우리는 일의 의미를 묻습니다. 일이란 무엇입니까. 그것은 생계를 위한 수단을 넘어, 나를 증명하고 세상을 향해 나아가는 과정 그 자체입니다. 아래의 글은 일과 삶에 대한 저의 단단한 신념이자, 기록입니다.

1장: 초석
– 모든 것은 마음가짐과 직업의식으로부터

이상이 너무 높으면 현실과 괴리가 생깁니다. 그 간극에서 괴로움이 자라납니다. 해결책은 적당한 낭만과 이상, 그리고 그것을 기어코 현실로 만들 구체적인 계획과 압도적인 행동입니다. 이 균형점을 찾을 때, 괴로움은 줄어들고 막연함은 확신으로 바뀝니다.

그리고 확신은 결국 '좋은 사람'이 되겠다는 다짐에서 나옵니다. 좋은 사람이란 무작정 퍼주는 사람이 아닙니다. 자기 일에 대한 소명과 확신이 있고, 인간적으로 매력적인 존재이면서, 나눔의 가치를 알며, 함께하는 연대의 힘에 감사할 줄 아는 존재. 그것이 좋은 사람입니다. 좋은 사람이 되면 나머지는 어떻게든 따라옵니다.

일 얘기가 나왔으니 말인데요. '일'은 일입니다. 감정을 섞고 사소한 것에 서운해할 필요 없습니다. 숫자와 성과, 정성적인 노력을 있는 그대로 보여주면 그만입니다. 설령 당장 결과로 나타나지 않더라도, 그 모든 과정은 빠짐없이 내 안에 쌓여 누구도 빼앗을 수 없는 자산이 됩니다. 그러니 징징대지 말고, '일'하세요. 이것이 직업의식입니다.

유명한 축구 선수나 연예인들을 보며, "그 돈 받으면 나도 저렇게 한다" 따위의 말을 하는 사람과는 대화를 멈춥니다. '그 돈'을 받기까지 얼마나 치열하게 자신을 담금질하고 매 순간을 철저하게 보냈을지 감히 가늠조차 할 수 없기 때문입니다. 직업의식은 나를 위한 것이자, 내 가족과 동료를 위한 것입니다. "나는 왜 이 일을 하는가?", "이 일은 세상에 어떤 가치를 더하는가?" 끊임없이 스스로에게 질문하며 일에 대한 책임을 져야 합니다. '대충 돈이 되니까 하지'라는 마인드로는 결코 오래갈 수 없습니다.

나아가 자신이 하는 일을 사랑하고, 그 일을 하는 자신의 모습을 자랑스러워하는 사람은 스스로를 존경할 수 있으며, 삶의 어떤 고난도 관철할 수 있게 됩니다. "하기 싫어"를 입에 달고 사는 것은 인생의 3분의 1을 차지하는 소중한 시간을 스스로 무의미하게 만드는 자기 파괴 행위나 다름없습니다.

2장: 성장
- 냉철한 자기객관화와 성취의 선순환

성장의 출발점은 자기객관화입니다. 자신을 너무 높게도, 낮게도 평가해선 안 됩니다. 심리학에서는 인간이 본능적으로 좋은 일은 내 덕, 나쁜 일은 남 탓으로 돌리는 '자기기여 편향(Self-Serving Bias)'에 빠지기 쉽다고 말합니다. 이 편향을 깨부수는 것이 자기객관화의 핵심입니다.

지금 내가 어떤 수준에 있는지, 무엇을 해낼 수 있는지를 냉철하게 반추하고 주변을 둘러봐야 합니다. 변화하고 싶다면, 가장 효율적인 방법은 주변 환경을 바꾸는 것입니다. 자기객관화가 안 되는 것만큼 못난 것도 없습니다. 진심입니다.

이 과정에서 타인과의 긍정적인 관계는 필수적입니다. 상대방을 깎아내린다고 해서 자신의 위치가 올라가는 경우는 없습니다. 반대로 상대방을 진심으로 인정하고 박수쳐주기 시작하면, 자신의 위치도 올라갑니다. 어떤 방식으로든 말이죠.

처음에는 "쟤 갑자기 왜 저러냐"라는 소리를 들을지 몰라도, 결국 당신 곁에는 당신을 어떻게든 끌어올려 줄 사람들만 남게 됩니다.

이런 태도로 일에 몰입하면, 수영계의 전설과도 같은 선수인 마이클 펠프스가 "오늘이 무슨 요일인지도, 날짜도 모른다. 나는 그냥 수영만 한다"라고 했던 경지에 이르게 됩니다. 사실 저 역시도 당시 펠프스의 인터뷰를 보고, 그저 형식적으로 하는 말로 치부해 버렸습니다. 하지만 인터뷰를 보고 10여 년이 흐른 지금, 좋아하는 일을 더 잘하고 싶어 하는 저를 보며 펠프스의 말이 진심으로 와닿습니다.

요즘의 저는 오늘이 무슨 요일인지, 오늘 날짜가 어떤지 모른 채 살아갑니다. 이는 단순히 재능의 문제가 아닙니다. 자신이 정한 목표에 의식적으로 몰입하고 한계를 넘어서는 '의도적 훈련(Deliberate Practice)'의 결과물입니다. 처리해야 할 일을 처리하고, 새로운 일을 만들고, 문제를 해결하는 과정의 반복 속에서 우리는 시간의 흐름조차 잊습니다.

학창 시절부터 저는 1등과 거리가 먼 사람이었습니다. 외모도 공부도 운동도 모두 그럭저럭이라는 말이 가장 잘 어울렸습니다. 글을 쓸 때도 마찬가지였습니다. 그럭저럭한 필력과 모자란 통찰력과 근거는 언제나 글을 초라하게 만들었습니다. 6권의 책을 썼고, 100종이 넘는 책을 펼쳐냈지만, 초라함은 여전히 느껴집니다. 책 리뷰에 좋지 못한 댓글이 달릴 때에도, 글을 쓸 때 막히는 순간에도, 어느 순간 제 책 제목을 다른 사람에게 말하기 부끄러워질 때도 말이죠.

늘 남들 다하는 것들을 쫓아가기에 바빴습니다. 뒤처지기 싫었고, 모난 돌처럼 정을 맞기도 싫었습니다. 누군가 달려가고 있으면, 저는 언제나 그들의 뒷모습만 보였습니다. 미래를 꿈꾸

기보다 현재를 살아가기에도 벅차다는 생각들이 자꾸만 들었습니다. 도저히 따라갈 수 없을 거라는 생각이 들었지만, 그러면서도 감히 1등을 꿈꿨습니다. '어느 분야에서 1등은 도대체 어떻게 되는 걸까'라는 호기심과 열정 그리고 욕심으로 처음 글을 쓰고, 사업을 시작했습니다. 10년을 오르락내리락하며 나름 조금씩 우상향 그래프를 그렸습니다. 죽을 것 같을 때에도 "한 걸음만 더"를 외치며 버티고 나아갔습니다.

그리고 어젯밤 노트북에서 몇 년 전 이뤄내고 싶었던 목표와 계획을 적어둔 파일을 발견했고, 조금 놀랐습니다. 결국 불가능해 보였던 '대한민국 1등'이라는 목표를 이뤄냈기 때문입니다.

이 성취의 경험은 저에게 세 가지 철칙을 새겨주었습니다.

첫째, 생각의 주파수를 내가 이루고 싶은 것에 고정시키면, 온 세상이 영감의 원천이 됩니다. 어떻게든 이뤄낼 방법과 아이디어는 덤입니다. 나와 주파수가 맞는 사람들이 모이고, 그들 중에 반드시 조력자가 나타납니다. 무언가 '사고 싶다/갖고 싶다'라는 생각이 들었을 때, 이전에는 눈에 들어오지도 않던 것들이 자꾸만 눈에 띄게 되는 것들이 그 예가 될 것입니다. 내가 되고 싶고, 이루고 싶은 것들을 생각하다 보면 온 세상이 영감덩어리로 나에게 말을 걸어옵니다.

둘째, 잘하는 걸 더 잘하게 만들어야 합니다. 대부분 약점을 보완하려 하지만, 약점을 메우는 것보다 강점을 극대화하는 편이 훨씬 효율적입니다. 저명한 경영 컨설턴트 마커스 버킹엄(Marcus Buckingham)이 갤럽(Gallup)의 방대한 데이터를 통해 증명했듯, 개인과 조직의 성공은 약점 보완이 아닌 강점 활용에서 비롯됩니다. 강점이 압도적으로 강해지면 약점은 보이지도 않습니다. 사람들은 당신의 강점을 보고 찾아올 것입니다.

셋째, 성취는 최고의 원동력이자 선순환 구조를 만드는 유일한 방법입니다. 하버드 경영대학원의 테레사 애머빌(Teresa M. Amabile) 교수가 주창한 '전진의 원리(The Progress Principle)'는 의미 있는 일에서의 작은 진전이 가장 강력한 동기부여 요소임을 증명했습니다. 처음이 어렵지, 조그마한 성취를 시작으로 자신을 계속해서 선순환 구조로 몰아넣어야 합니다. 세 달만 꾹 참고 하루 루틴을 바꾸고, 일주일 루틴을 바꾸다 보면 삶 자체가 달라집니다.

노트북에 1등이라는 목표 뒤에 적어둔 "1등

하면 대충 살겠다"는 말은 이제 취소입니다. 성취는 안주가 아니라 다음 1등을 향한 자신감의 근거가 될 뿐입니다. 언제나 그렇듯, 요행은 없습니다. 행운은 노력에서 비롯되고, 실력으로 증폭됩니다.

3장: 지속 가능한 삶의 원칙
- 본질, 균형, 그리고 자기 신뢰

성장을 지속하기 위해서는 삶을 지탱할 단단한 원칙이 필요합니다. 대체 불가능한 사람이 되어야만 합니다. 내일 당장 회사를 그만둔다고 했을 때 "그러세요"라는 반응이 곧장 나온다면, 그저 인생을 흘려보낸 것입니다. 월급을 받는다는 것은 시간의 가치를 인정받았다는 것이고, 시간은 두 번 다시 오지 않을 당신의 중요한 자산입니다. 월급은 곧 인생인 셈입니다.

그런 면에서, 아무런 저항 없이 나갈 수 있는 조직에 있다는 것은 '언제든 대체될 수 있었다'라는 의미와 같고, 보낸 시간은 축적된 것이 아니라 소비된 것입니다. 두 번 다시 안 올 시간들이 축적되지 않고 소비된다는 것은 얼마나 안타까운 일입니까. 결국 협상과 조율에서 우위를 점하려면 "나 말고는 이렇게 할 수 있는 사람이 없다"는 것을 증명해야 합니다.

이는 단순히 악기의 기능을 잘 다루기만 하는 사람이 아니라, 자신만의 해석과 창조로 영감을 주는 뮤지션이 되는 것과 같습니다.

타인의 평판에 집착하기보다 내 실력을 쌓으세요. 그럼 알아서 좋게 얘기해주니, 평판은 저절로 따라옵니다. '~처럼', 다른 누군가가 될 수는 없습니다. 따라 하는 것도 한계가 있습니다.

나는 나밖에 되지 못할 것입니다. 나밖에 되지 못한다면 답은 하나입니다. 내 가치를 지속해서 올리고, 좋은 인풋을 계속 주입하는 것입니다.

본질을 이해하면 원리가 보입니다. 트렌드는 매년, 매주, 심지어는 매일 바뀌지만, 본질을 탐구하는 사람은 흐름에 올라탈 수 있습니다. 본질을 좇는 자는 변화를 두려워하지 않고 현상에 대한 이해가 빠릅니다. 그리고 모든 일의 본질은 결국 사람입니다. 나를 이해하고 사람을 관찰하고 탐구해야 합니다. 이것이 제가 말하고 싶은 본질입니다.

인생은 밸런스입니다. 모순된 것들에서 균형을 잘 이루며 살아가야 합니다. 돈을 모으려 애쓸수록 오히려 돈은 멀어지고, 돈 생각을 내려놓을 때 돈이 모이는 법입니다. 다른 사람의 의견을 언제 받아들이고 언제 흘려보내야 하는지를 구분할 줄 아는 것도 중요합니다. 세상 모든 일에는 '과하지만 적당한 순간'이 있고, '적당해 보이지만 이미 과한 지점'이 있습니다. 넘어져봐야 비로소 일어서는 법을 배우고, 달리면서도 넘어질 때를 대비할 줄 알아야 합니다.

그러니까 누가 당신 생각과 반대 의견을 내도 그냥 그러려니 하세요. 그것도 언젠가 맞는 말이 될 수도 있습니다. 그러니 모든 일이 그럴 수도 있다는 것입니다. 그럼 마음이 편해집니다. 모순 사이에서 부지런히 균형을 잡아야 합니다.

긍정도 외국어처럼 의식적인 연습이 필요한 기술입니다. 심리학자 바버라 프레드릭슨(Barbara Lee Fredrickson)의 '확장 및 구축 이론(Broaden-and-Build Theory)'에 따르면, 긍정적인 감정은 단순히 기분이 좋은 상태를 넘어 우리의 사고와 행동의 폭을 넓히고, 장기적으로 개인의 심리적·사회적 자원을 구축하는 역할을 합니다. 무너지거나 좌절하는 순간, 이 연습된 긍정이 당신을 다시 일으켜 세울 것입니다.

그러니 외국어를 공부하듯이, 계속해서 쓰고, 읽고, 외우고, 내뱉어야 합니다. 무너지는 날은 예기치 않게 언제든 찾아옵니다. 결국 나를 일으켜 세울 건, 나밖에 없습니다. 틈틈이 긍정도 공부하고 연습해야 합니다.

천재도 결국 만들어집니다. 물론 다음 네 가지 조건이 갖춰져야 합니다. (1)선천적인 재능, (2)재능을 빠르게 발견하는 타이밍, (3)사람들을 설득시킬 만한 포인트, 그리고 (4)재능을 뒷받침할 '미친놈' 소리 들을 정도의 노력. 결국 천재도 노력 없으면 천재 소리 못 듣습니다.

이는 심리학자 앤더스 에릭슨(Anders Ericsson)이 말한 '의도적 훈련(Deliberate Practice)'의 개념과 일치합니다. 운전 실력이 좋은 한 운전자가 30년 동안 운전을 해왔다고 해서, F1에서 1등을 할 수는 없습니다. 의도적인 훈련과 연습이 되지 않았기 때문이죠. 재능은 시작점일 뿐, 정교하게 설계된 훈련과 피드백을 통해 한계를 넘어서는 노력이 있어야만 비범함에 도달할 수 있습니다.

결국 자기 자신을 믿는 수밖에 없습니다. 어제까진 잘될 거라 굳게 확신했던 믿음이 오늘 아침에는 산산조각 무너질 때가 있습니다. 강한 확신이라 생각한 것들마저도 약한 흔들림 앞에서 아스러져 버립니다. 개인의 믿음은 여러 상황과 타인 앞에서 작아지기 마련이고, '잘되고 있고,

앞으로 잘될 거야'라는 마음을 갖는 건 정말 쉽지 않습니다.

그래서 가끔은 이 삶의 굴레가 원망스러울 때도 있을 겁니다. 허나 과거는 후회해봤자 지나간 장면일 뿐이고, 오늘은 언제나 다가올 꿈의 발판입니다. 먼 훗날 지나간 오늘을 떠올렸을 때, "아, 모든 건 그때의 오늘 덕분이었구나" 싶은 날이 분명 올 것입니다. 그러니 지금 내가 하고 있는 일을 믿는 수밖에 없는 것이죠.

계획한 것들은 틀어질 수도 있습니다. 기대했던 것들은 실망으로 다가올 수도 있습니다. 사소한 것들이 나를 무너뜨릴 수도 있습니다. 하지만 그럼에도 불구하고 우리가 느끼는 대부분의 두려움은 어쩌면 별거 아닐 때가 많습니다. 막상 부딪혀보면 '진짜 별거 아니었네' 싶은 일들일 것입니다. 지금 느끼는 것들은 막연한 불안일 테고, 주변에서 하는 말들은 직접 겪어보지 않은 자들의 어림짐작일 뿐입니다.

마지막으로 발전을 꾀하거나 성장을 요구하는 일에는 필연적으로 손가락질이 따라오기 마련입니다. 모든 시작은 서툴기 때문입니다. 그래서 우리는 그저 받아들이는 것에도 익숙해져야 합니다. 부끄럽고 창피하고 인정하기 싫은 것들도 결국엔 나의 일부일 테니 말이죠. 그걸 인정하는 순간 나도 모르는 사이 발전하며 성장의 발자국을 딛게 될 것입니다.

그러니 쫄지 마세요. 사실 생각보다 별거 아닐 수도 있습니다.

모든 일의 본질은
결국 사람입니다.

나를 이해하고
사람을 관찰하고
탐구해야 합니다.

삶은 어떤 형식으로 빚어지는가

"내가 진정으로 원하는 것은 무엇인가?"

모든 변화는 이 근원적인 질문에서 시작됩니다. 마치 고요한 수면 아래 잠들어 있던 거대한 무언가를 깨우는 것처럼, 이 질문은 우리 삶의 방향을 틀고 새로운 물길을 내는 출발점이 됩니다. 결국 모든 변화의 핵에는 '내가 진정으로 원하는 것'에 대한 명확한 앎이 자리 잡고 있습니다.

최근 저는 '인생을 걸고 사업한다'는 생각이

들었습니다. 하지만 곰곰이 생각해 볼수록 특별히 저만 그런 것이 아니라, 우리는 어떤 일을 하든 삶의 일부를 거는 것이 아니라 삶 그 자체를 투입하고 있습니다. 다시는 돌아오지 않을 '시간'이라는 가장 소중한 자산을 매 순간 쏟아붓고 있기 때문입니다. 우리는 모두 각자의 자리에서 인생을 건 채, 치열한 하루를 살아가는 존재들입니다.

이 장엄하고도 고독한 여정에서 우리가 붙잡아야 할 두 가지 진실이 있습니다. '모든 것은 불확실하다'는 것과 '모든 것에는 시간이 걸린다'는 것입니다. 이 두 가지를 온전히 받아들일 때, 우리는 비로소 어떤 폭풍우 속에서도 중심을 잃지 않고 나아갈 힘을 얻게 됩니다.

심리학 연구에 따르면, 인간의 뇌는 확실한

고통보다 불확실한 가능성에 더 큰 스트레스를 받는다고 합니다. 100퍼센트 확률로 전기 충격을 받는 것보다 50퍼센트의 불확실한 확률 앞에 놓였을 때 더 큰 불안을 느꼈다는 영국의 한 연구는, 불확실성이 우리 정신에 얼마나 큰 짐이 되는지를 명확히 보여줍니다.

하지만 역설적이게도, 삶에서 모든 의미 있는 변화는 바로 이 불확실성의 안개를 뚫고 나아갈 때 비로소 시작됩니다. 변화는 정해진 길을 따라가는 순례가 아니라, 한 치 앞도 보이지 않는 미지의 땅을 개척해나가는 탐험에 가깝습니다.

그렇기에 우리는 늘 '얻어맞을 준비'를 해야 합니다. 기대는 늘 현실보다 높고, 현실의 벽은 언제나 상상보다 차갑습니다. 그러나 그와 동시에 결코 '겁먹지 않는 자세'를 잃어서는 안 됩니다. 현실이 아무리 혹독할지라도, 그것을 있는 그대로 직시하고 그 속에서 5퍼센트 정도의 낙관을 품어야 합니다. 기대와 현실의 낙차가 클수록 상처는 깊어지고, 회복에 드는 시간마저 값비싼 비용이 되기 때문입니다.

결국 삶의 변화는 거창한 구호가 아닌, 명확한 자기 인식 위에 세워진 꾸준한 실천에서 비롯됩니다. 이는 워런 버핏의 오랜 사업 파트너인 찰리 멍거의 삶의 원칙에서도 잘 드러납니다. 그는 《가난한 찰리의 연감》*에서 다음과 같은 원칙을 제시했습니다.

- 자신이 사지 않을 것은 팔지 않는다.
- 존경하지 않고 존중하지 않는 사람 밑에서 일하지 않는다.

* 찰리 멍거, 《가난한 찰리의 연감》, 김영사, 2024.

• 같이 있으면 즐거운 사람들과 일한다.

이 원칙들은 단순히 사업적 성공을 넘어, '어떻게 살 것인가'에 대한 깊은 성찰을 담고 있습니다. 이는 눈앞의 이익을 좇는 기술이 아니라, 어떤 상황에서도 자신의 내면의 가치와 일치하는 삶을 살겠다는 선언과 같습니다. '무엇을 팔지 않을 것인가', '누구와 일하지 않을 것인가'를 정하는 것은, 결국 '나는 어떤 사람으로 살아갈 것인가'라는 정체성을 매 순간 확인하고 지켜나가는 행위이기 때문입니다.

바로 이 지점에서 멍거의 원칙은 매일같이 더 나은 내가 되기 위해 노력하는 '일신우일신(日新又日新)'의 자세와 깊이 맞닿게 됩니다. '일신우일신'이란 어제보다 더 나은 내가 되는 것을 의미하는데, 이는 단순히 새로운 지식을 쌓거나 기술을 익히는 차원에 머무르지 않습니다. 더욱 본질적으로는, 어제 지켰던 나의 원칙을 오늘의 유혹 앞에서도 다시 한번 지켜내는 것, 즉 매일의 선택 속에서 자신의 가치를 증명해 내는 과정입니다.

예를 들어, '존경하지 않는 사람 밑에서 일하지 않는다'는 원칙을 세웠다고 가정해 봅시다. 오늘 당장 눈앞에 매우 수익성이 높지만, 내가 존경할 수 없는 가치관을 가진 리더와의 프로젝트 제안이 들어올 수 있습니다. 이때 단기적인 이익의 유혹을 뿌리치고 자신의 원칙을 선택하는 행위, 바로 그 자체가 어제의 나보다 더 단단한 나를 만드는 '일신우일신'의 실천입니다.

그 선택을 통해 나의 정체성은 구호가 아닌 살아 있는 현실이 되며, 나의 삶은 내가 원하는 방향으로 한 뼘 더 나아가게 됩니다. 이처럼 멍거의 원칙들은 매일 마주하는 수많은 선택지 앞에서 '어떤 나'를 지켜낼 것인지 묻는 질문지와 같습니다. 그 질문에 답하며 자신의 원칙을 고수하는 하루가 쌓일 때, 우리의 삶은 마치 어린 묘목이 굳건한 뿌리를 내리고 촘촘한 나이테를 더해가며, 어떤 폭풍에도 흔들리지 않는 거목으로 자라나는 것과 같습니다.

내가 진정 원하는 것이 무엇인지 알고, 그것을 원칙으로 세워 흔들림 없이 지켜나가는 것. 이 모든 과정에서 제가 내린 결론은, 우리가 '시간의 절대성'을 인정해야 한다는 것입니다.

'이걸 해서 도대체 뭘 얻겠는가' 하는 생각들, 당장의 이익과 효율만을 따지는 계산적인 접근들은 결국 아무것도 가져다주지 못했습니다.

'이걸 얻기 위해 접근'하는 태도, '이걸 해서 뭐 하나'는 냉소적인 태도는 결국 자신에게 주어진 가장 귀한 자원인 시간을 죽이는 일이었습니다. 어쩌면 우리는 성실하다는 것이 바보로 취급되는 시대에 도래한 것 같다는 씁쓸한 생각마저 듭니다.

시간의 복리는 더 빠르고 자극적인 레버리지로 상쇄되는 듯 보이고, SNS 속 타인의 화려한 성공은 스스로를 끝없이 초라하게 만들어가고 있습니다. 하지만 저는 이제 단호하게 말할 수 있습니다. 무슨 일이든 그냥 되는 것은 없으며, 어디까지나 무조건 '물리적인 시간'의 투입이 필요합니다. 그런 지난한 과정이 필요하지 않고 갑작스럽게 이루어지는 것들을 우리는 '운'이라고 부릅니다.

간혹 우리에게도 운이 따르는 수는 있지만, 운은 기본적으로 '지속 가능성'을 포함하고 있지 않습니다. 예전의 저는, 큰 성과를 이룩하지 못했으면서, 그저 꾸준히만, 하루하루를 묵묵히만 살아가는 이들을 보고서는 저건 옳은 방향이 아니다, 현명하지 못하다, 효율적이지 못하다고 생각하곤 했습니다. 제대로 된 방향을 먼저 잡고 나서 묵묵하고 꾸준해야만 의미가 있다고, 정말 어리석게도 그렇게 판단했습니다.

하지만 스스로의 시간을 한 겹 한 겹 쌓아갈수록 온몸으로 느껴지는 것은, 방향이 조금 틀리더라도 일단 쌓아 올린 '시간의 절대성'과 묵묵히 그리고 꾸준히 자신만의 하루를 보내는 방식이 가진 엄청난 힘이었습니다.

사람은 결국 자신의 의지로 이 세상에 태어

난 것이 아니기에, 늘 혼란스럽고 방황하기 마련입니다. 다른 이들의 소망과 바람을 마치 자신의 것인 양 착각하기도 하고, 이미 자신이 갖고 있는 소중한 것들을 보지 못한 채 그저 타인의 것만을 부러워하기도 합니다. 하지만 저는 이제 조금은 알고 있습니다. 삶이라는 것은, 그저 하루하루를 충실히 쌓아가는 것일 뿐이라는 것을요.

그리고 어디까지나 먹고살기 위해, 거기에 '지속 가능성'을 더하기 위해 다음 단계를 밟아나가고, 조금 더 새로움을 추구하는 것뿐이라는 것을요. 어쩌면 우리는 그다지 거창한 것을 원하고 있는 것이 아닐지도 모르겠다는 생각을 합니다.

그저 먹고 싶은 것을 먹을 때, 가격표에 부담스럽지 않은 기분으로. 아침에 눈을 뜨고, 밤에 눈을 감을 때 안락함을 느끼는 정도로. 일터에 나가 적당한 스트레스와 기쁨으로 버무려진 성취감을 느끼는 정도로. 그리고 내가 그렇게 쌓아온 시간들을 타인에게 조금이나마 인정받는 것으로.

우리의 모든 삶은 이미 그렇게 꾸려져 있는 것일지도 모릅니다. 중간중간 길이 헷갈리고 모든 것을 포기하고 싶을 때에도, 저는 그저 나의 뿌리가 어딘지, 내가 처음 그렸던 저의 정점이 어떤 모습이었는지 다시 한번 확인할 뿐입니다. 그리고 다시, 오늘 하루의 시간을 묵묵히 쌓아 올릴 뿐입니다.

무슨 일이든
그냥 되는 것은 없으며,

어디까지나 무조건
'물리적인 시간'의
투입이 필요합니다.

변화에 관하여
─ 결국 모든 것은, 나를 향한 질문으로 돌아온다

출판사와 카페의 대표이자 작가로 살다 보면, 세상의 변화를 피부에 와닿는 날것 그대로 마주할 때가 많습니다. 어제까지 시장을 뜨겁게 달구던 키워드가 하루아침에 식어버리고, 당연하게 여겼던 독서의 방식이 뿌리부터 흔들리는 것을 목격합니다.

변화는 이제 적응해야 할 대상이 아니라, 우리의 존재 이유와 일의 본질 자체를 재정의하도록 요구하는 거대한 질문이 되었습니다. 우리는 어디로 가야 하는가. 아니, 그보다 먼저, '나'는 누구인가.

며칠 전, 한 강연에서 들었던 이야기가 꿀꺽 삼키기만 했던 제 안의 질문들을 수면 위로 끌어올리는 계기가 되었습니다. AI와 같은 새로운 도구의 등장은 단순히 '일하는 방식(How)'의 변화를 넘어, '일의 이유(Why)'를 묻고 있었습니다.

이노레드의 김태원 대표는 그의 저서 《낯섦과 공존》*에서도 언급했듯, 이 시대의 변화를 '세계관의 전환'이라 정의했습니다. 그의 통찰처럼, 이제 우리는 단순히 새로운 기술을 배우는 차원을 넘어, 내가 하는 일의 본질과 세상 속 나의 역할을 근본적으로 재고해야만 하는 시대의 입구

---

* 김태원, 《낯섦과 공존》, 휴먼큐브, 2025.

에 서 있는 것입니다.

나의 일이 새롭게 정의될 때

저는 그의 이야기에서 과거 화가들의 삶을 뒤흔들었던 '튜브 물감'의 발명이 와닿았습니다. 튜브 물감이 없던 시절, 화가들은 작업실에 갇혀 직접 안료를 빻고 기름과 섞어 물감을 만들어야 했습니다. '그림을 그리는 행위'는 곧 '물감을 제조하는 노동'과 분리될 수 없었습니다. 그들의 세상은 작업실이라는 공간의 한계 안에 있었습니다.

그러나 튜브라는 작은 발명품은 화가들을 작업실 밖, 빛이 쏟아지는 세상으로 해방시켰습니다. 그들은 처음으로 시시각각 변하는 햇빛의 떨림과 바람에 흔들리는 나뭇잎의 색을 직접 마주하고 캔버스에 담을 수 있게 되었습니다. 기억에 의존하던 그림이 살아 있는 순간을 포착하는 예술로 진화한 것입니다. 그 결과 인상주의라는 위대한 예술 사조가 탄생했습니다.

저는 이 일화가 지금 우리가 겪는 변화와 정확히 같다고 생각합니다. 과거 출판 편집자가 활자를 하나하나 식자하던 시절에서, 이제는 작가가 원고를 완성하는 즉시 전 세계 독자에게 전달할 수 있는 시대가 되었습니다. AI는 하룻밤 만에 자료 조사를 끝내고, 디자인 시안을 수십 개씩 제안합니다.

이는 편집자와 마케터의 일이 사라진다는 뜻이 아닙니다. 오히려 우리를 '어떻게 만들까'라는 노동의 굴레에서 벗어나, '무엇을 상상하고, 어떤 이야기를 전해야 하는가'라는 창조의 본질로 이끌고 있습니다. 기술이 인간의 손과 발이 되어줄수록, 인간은 오롯이 심장과 머리를 써야 하는 숙제를 받은 셈입니다.

지식은 흐를 때, 비로소 가치가 빛난다

회사를 운영하며 제가 가장 경계하는 것은 '정체'입니다. 현금이 흐르지 않으면 기업의 생존이 위태롭듯, 생각과 지식이 흐르지 않는 조직은 서서히 굳어갑니다. 강연에서 '현금 흐름(Cash Flow)'만큼 '지식 흐름(Knowledge Flow)'이 중요하다는 이야기가 나왔을 때, 저는 깊이 고개를 끄덕일 수밖에 없었습니다.

저 역시 출판사와 카페를 운영하며 이 '경계'의 문제를 매일같이 마주합니다. 편집팀이 아는 시장의 흐름을 마케팅팀이 모르고, 카페 현장에서 얻은 고객의 목소리가 본사 기획팀까지 전달되지 않는다면, 우리는 각자의 섬에 고립되어 결국 침몰하고 말 것입니다. '나만 아는 정보'가 나의 경쟁력이 될 것이라는 착각은 조직 전체를 병들게 하는 가장 위험한 바이러스입니다.

혁신은 언제나 경계 밖, 낯선 것들의 만남에서 태어납니다. 늘 해오던 방식, 익숙한 업계의 관습만으로는 다가오는 파도를 넘을 수 없습니다.

저는 그래서 '지식의 겸손함'을 강조합니다. 내가 모르는 영역이 있음을 인정하고, 기꺼이 내 분야가 아닌 전문가의 이야기에 귀를 기울이는 태도. 그것이 바로 문제를 재정의하고, 누구도 보지 못한 기회를 발견하는 힘이 되리라 믿습니다.

결국, 우리는 사람의 서사를 소비한다
기술이 아무리 발전해도 변하지 않는 것이 있다면 무엇일까요? 제가 책을 만들며 철칙처럼 여기는 것이 있습니다. 바로 '사람의 이야기가 있는가?', '자신이 쌓아온 것인가?'입니다. 정보는 인터넷에 넘쳐나고 지식은 AI가 더 잘 요약해 줍니다. 하지만 한 사람이 자신의 삶을 통과하며 길어 올린 진솔한 이야기, 즉 '서사'는 그 어떤 기술로도 대체할 수 없습니다.

요즘 독자들은 단순히 잘 쓰인 글을 넘어, 그 글을 쓴 사람이 어떤 삶을 살아왔는지를 봅니다. 삶과 글이 일치하는 작가의 책은 굳이 마케팅하지 않아도 독자들이 먼저 알아보고 생명력을 불어넣어 줍니다. 진정성이 없는 콘텐츠는 아무리 화려하게 포장해도 결국 마음을 움직이지 못합니다. 바야흐로 진짜의 시대가 찾아온 것이죠.

이것은 비단 책에만 국한되지 않습니다. 사람들은 이제 제품이 아니라 브랜드를 만든 사람의 철학을 소비하고, 화려한 결과물이 아니라 그곳에 도달하기까지의 땀과 눈물이 담긴 과정을 궁금해합니다. 진정성 있는 서사는 하루아침에 만들어지지 않습니다. 그것은 자신이 믿는 가치를 오랜 시간 동안 일관된 행동으로 증명해 낼 때, 비로소 단단하게 쌓이는 것입니다.

나의 성공이 나의 발목을 잡을 때

과거의 성공 방정식이 미래의 실패 요인이 되는 '이카루스 패러독스(Icarus Paradox)'는 성공을 경험한 모든 개인과 조직이 마주하는 숙명과도 같습니다. 저 역시 마찬가지입니다. 제 책이 베스트셀러가 되었을 때, 출판사가 안정적인 궤도에 올랐을 때, "이전에는 이 방식이 통했는데…"라는 달콤한 속삭임에 안주하고 싶은 유혹을 느낍니다.

하지만 세상은 '생활'이 아니라 '환경' 자체가 바뀌고 있습니다. 기존의 마케팅 공식은 더 이상 통하지 않으며, 독자들이 콘텐츠를 발견하고 소비하는 방식 또한 근본적으로 달라졌습니다. 이러한 시대에 살아남기 위해 가장 중요한 것은 결국 '나'라는 브랜드의 서사를 얼마나 단단하게 구축했는가입니다. 이력서에 나열된 스펙이 아니라, 내가 어떤 길을 걸어왔고, 왜 이 일을 하고 있으며, 앞으로 어디로 나아가고자 하는지를 내 삶으로 이야기할 수 있어야 합니다.

그래서 저는, 당신이 자기 삶을 살기를 바랍니다. 이 거대한 변화의 소용돌이 속에서, 한 조직의 대표이자 동시대를 살아가는 작가로서 제가 가장 하고 싶은 이야기는 결국 하나로 모입니다.

회사는 당신의 삶을 소진시키는 곳이 아니

라, 당신의 서사를 더욱 풍요롭게 만드는 플랫폼이 되어야 합니다. 저는 우리 구성원들이 회사의 부속품이 아니라, 각자의 삶이라는 위대한 프로젝트를 진행하는 독립적인 개인으로 존재하길 바랍니다. '내 삶의 주체는 나'라는 단단한 믿음이 있을 때, 우리는 어떤 변화의 파도 속에서도 자신만의 중심을 지키며 항해할 수 있습니다.

기계는 데이터를 만들지만, 오직 사람만이 서사를 만듭니다. 그리고 진실한 서사는 시대를 초월하여 사람의 마음을 움직이는 유일한 언어입니다. 이 글을 읽는 당신이 지금 어떤 경계 앞에서 고민하고 있든, 부디 그 변화를 두려워 말고 당신 자신을 향한 질문을 던질 수 있기를 바랍니다. 그 질문의 끝에서, 당신만의 고유한 이야기, 대체 불가능한 당신의 삶을 발견하게 될 테니까요.

저는, 당신이
자기 삶을 살기를
바랍니다.

**거대한 변화 속,
나의 아젠다**

나 자신을 속이지 말 것.

저는 다가올 격변의 시대에 일을, 그리고 삶을 대하는 첫 번째 신념이자 유일한 방어기제로 이 문장을 삼았습니다. 우리는 너무나도 자주, 나조차도 나를 모른 척합니다. 그 편이 안락하고, 어제의 관성에 안주하는 것이 달콤하기 때문입니다.

나의 욕망이라 믿었던 것, 나의 꿈이라 확신

했던 것들마저 한 꺼풀 벗겨내면 모두 타인의 시선과 사회적 압박이 뒤섞인 잡탕에 불과했음을 깨닫는 순간이 옵니다. 정신분석학자 라캉의 통찰처럼, 우리는 그저 '타인의 욕망을 욕망'하며 살아온 셈입니다.

그때 알게 됩니다. 세상에서 가장 쉬운 일은 '스스로를 속이는 것'이며, 가장 완벽한 기만은 '자기기만'이라는 사실을 말입니다. 아이러니하게도 인간은 타인에게 속는 것을 가장 혐오하지만, 정작 뼛속부터 스스로를 속이며 그 거짓된 안온함 속에서 살아가려는 존재입니다.

민낯의 나, 아무것도 걸치지 않은 나를 마주하는 것은 지독한 고통입니다. 당연합니다. 하지만 저는 이제 그 고통을 피하지 않고 정면으로 받아내려 합니다.

지금 우리가 마주한 시대는 더 이상 어설픈 자기기만을 용납하지 않습니다. 비겁하게 외면하는 고통과 정면으로 마주하는 고통 중, 어떤 것이 당신의 삶을 더 깊은 나락으로 끌고 갈지 냉정하게 저울질해야 합니다. 피상적인 위로와 일시적인 회피는 당장의 단맛을 줄지언정, 결국 가장 쓰고 지독한 끝맛을 남기게 될 것입니다.

육중한 모든 것이 가라앉는 시대

냉정하게 현실을 직시해야 합니다. 최근 송길영 작가는 그의 저서 《시대예보: 경량문명의 탄생》에서 지금 시대를 '경량문명'의 도래로 명쾌하게 정의했습니다. 저는 이 진단에 깊이 동의합니다. 과거의 성공 방정식이었던 거대하고 육중한 조직, 오래 걸리는 의사결정 구조는 이제 스

---

* 송길영, 《시대예보: 경량문명의 탄생》, 교보문고, 2025.

스로의 무게를 이기지 못하고 가라앉는 타이타닉호와 같습니다.

제가 운영하는 출판사이자 콘텐츠 회사도 이 거대한 흐름 앞에 서 있습니다. 당신이 지금 "할 줄 안다"라고 말하는 어지간한 업무는 머지않아 모두 대체됩니다. 시스템과 AI는 당신의 '숙련도' 따위에 관심이 없습니다. 광고 문구를 만들고, 이미지를 제작하고, 시장 조사를 하는 일들의 가치가 폭락하는 것을 매일 목격합니다. '우리는 무엇으로 값이 매겨질 것인가?' 이 질문은 단순한 의구심이 아니라, 생존을 위한 절박한 외침이 되었습니다.

그래서 제가 내린 첫 번째 결론은, 조직에 '가벼움'을 이식하는 것입니다. 불필요한 절차와 관료주의라는 '조직 내 슬러지'를 모두 걷어내야 합니다. 군더더기 없는 구조로 개편하고, 소수의 핵심 인재가 민첩하게 움직이며 효율을 극대화해야 합니다. 이것은 선택이 아닌, 생존을 위한 필수 조건입니다. 저의 새로운 아젠다는 바로 이 무자비한 '경량화'에서 시작됩니다.

경험의 멸종, 서사의 부활

하지만 저는 이 '가벼워짐'이 결코 '얕아짐'을 의미해서는 안 된다고 믿습니다. 크리스틴 로젠은 《경험의 멸종》[*]에서 기술이 우리의 직접적인 경험을 앗아가고, 그 자리를 매끄러운 편리함으로 채우는 현상을 날카롭게 지적했습니다. 실패 가능성이 제거된 최적화된 경로만을 따라가는 삶. 지도 앱 없이는 낯선 길을 헤매는 즐거움을 모르고, SNS에 올릴 사진을 찍느라 정작 눈앞

---

[*] 크리스틴 로젠, 《경험의 멸종》, 어크로스, 2025.

의 풍경을 제대로 감상하지 못하는 우리들의 모습입니다.

바로 이 지점에서, 저는 오히려 기회를 봅니다. 모두가 간접적이고 편리한 경험에 머무를 때, 진짜 경험에서 길어 올린 깊은 '서사', 마음을 움직이는 '공감', 그리고 끈끈한 '연대'의 가치는 희소해져 더욱 빛날 것입니다. 이것이 출판과 콘텐츠를 만드는 제가 여전히 '이야기'의 힘을 믿는 이유입니다.

물론, 이 무한 경쟁의 시대에 숭고한 서사 역시 자본이 있어야 세상에 울려 퍼집니다. 저는 경제적 자본으로 '시간'이라는 가장 희소한 자원을 확보해야 한다고 믿습니다. 그렇게 번 시간으로 건강과 '진짜 경험'이라는 대체 불가능한 자본을 쌓아야 합니다. 돈으로 실패할 기회를 사는 것입니다.

그 실패의 경험이야말로 진짜 실력과 누구도 흉내 낼 수 없는 자신만의 서사를 만듭니다. 그러니 실력부터 기르십시오. 돈부터 버십시오. 그 과정에서 듣는 비난은 한때일 뿐입니다. 결과가 모든 과정을 증명하고, 그 비난마저 당신의 서사 일부로 만들어줄 것입니다.

결국, 시간을 견뎌낸 인간이 살아남는다

그렇다면 이 모든 변화의 끝에, 무엇이 남게 될까요? 수많은 것들이 대체되고 사라지는 세상에서 어떤 인간이 남게 될까요? 저는 그 답의 실마리를 '직렬적 경험(Serial Experience)'이라는 개념에서 찾습니다.

AI는 수백만 권의 책과 논문을 1초 만에 분

석해 지식을 '병렬적(Parallel)'으로 쌓습니다. 그것은 넓고 방대하지만, 결코 깊이에 도달할 수는 없습니다. 인간의 삶은 다릅니다.

우리의 경험은 결코 동시에 여러 트랙으로 처리될 수 없는, 오직 하나의 시간 축 위에서 순차적으로, '직렬적(Serial)'으로 쌓입니다.

AI는 세상의 모든 이별 노래를 분석해 그럴듯한 가사를 쓸 수 있지만, 단 한 번의 가슴 시린 이별이 주는 고통과 성찰의 무게는 결코 알 수 없습니다. 수만 건의 창업 성공 및 실패 사례 데이터를 학습할 수는 있지만, 밤새 자금 압박에 시달리며 직원들의 얼굴을 떠올리는 창업가의 고뇌, 첫 계약을 성사시켰을 때의 터질 듯한 환희는 겪을 수 없습니다. 제가 한 권의 책을 쓰기 위해 보내는 수많은 밤, 단어 하나를 고르기 위한 고투

와 수십 번의 퇴고 과정에서 느끼는 절망과 희열을 기계가 어찌 흉내 내겠습니까.

이것이 바로 직렬적 경험의 본질입니다. 시간을 온전히 통과해야만 얻을 수 있는 것, 실패와 고통, 사랑과 연대라는 무형의 감정이 새겨진 경험. 아이를 키우는 지난한 과정, 스승을 만나 인생이 바뀌는 순간, 믿었던 사람에게 배신당한 아픔을 딛고 다시 사람을 믿게 되기까지의 그 모든 복잡하고 모순적인 감정의 층위. 이것이야말로 기술이 결코 복제할 수 없는 인간의 마지막 영토이자, 가장 강력한 무기입니다.

"앞으로 뭐 해 먹고 살 겁니까?" 이 질문은 이제 타인을 향한 것이 아니라, 매일 아침 거울 속 저 자신에게 던지는 가장 날카로운 경고이자 위기감의 표출입니다. 결국 이 혼돈 속에서 길을 찾는 사람은 정해져 있습니다. 아주 오랫동안 '나의 가치는 무엇인지', '나는 누구인지'에 대한 탐구를 피하지 않고 고통스럽게 지속해 온 이들입니다.

가변의 삶 속에서 유일하게 변치 않는 자산은, 바로 '나' 자신에 대한 깊은 이해와 그것을 증명할 수 있는 대체 불가능한, 직렬적 경험뿐입니다.

경량화된 문명의 파도에 올라탈 것인가, 경험의 멸종과 함께 휩쓸려갈 것인가. 선택은 당신의 몫입니다.

실패의
경험이야말로

진짜 실력과
누구도 흉내 낼 수 없는
자신만의 서사를
만듭니다.

**오래오래
지속할 수 있는 일**

치열하게 앞만 보고 달려오던 어느 날, 문득 거울을 보게 되었습니다. "오래오래 행복하게 살았답니다"라는 문장으로 끝나는 동화 속 결말은 현실에는 존재하지 않았습니다.

저의 전작인 《당신은 결국 무엇이든 해내는 사람》이라는 책이 감사하게도 많은 분의 사랑을 받고, 그 제목 그대로 간다는 말을 덕담처럼 듣게 되면서, 실제로 저의 일들은 조금 더 잘 풀리기 시작했습니다.

하려는 일들은 여전히 수많은 우여곡절을 겪었지만, 전체적인 그래프는 분명히 우상향하고 있었습니다. 하지만 이상하게도, 인생에 있어서는 무언가를 해내기 전이나, 그것을 극적으로 해낸 뒤에나, 크게 달라지는 것은 없었습니다.

오히려 저는 '목표'를 잡고 움직이는 것들은, 그 목표를 이루지 못했을 때보다, 그것을 마침내 이루게 됐을 경우 더욱 큰 허탈함과 공허함을 가져온다는 것을 직접 경험하게 되었습니다. 심리학에서 말하는 '도착의 오류(Arrival Fallacy)'를 온몸으로 겪어낸 것입니다.

어떤 목표에 도달하기만 하면 모든 행복이 완성될 것이라 믿었지만, 막상 그곳에 도착했을 때의 기쁨은 너무나도 짧았고, 곧이어 "이제 무엇을 위해 달려야 하나?"라는 더 큰 질문이 저를 덮

쳤습니다. 그래서 저는 '무엇이든 해내는 사람'이라는 타이틀의 이면에서, 그 화려한 성취가 아니라, 그저 '하루하루를 충실하게 보낼 수 있는 방법'에 대해 알고 싶어졌습니다.

지난 약 4년의 시간을, 저는 그렇게 밀려오는 일희일비와 감정을 다스리는 방법, 그리고 단 하루를 살더라도 그것을 온전히 만끽할 수 있을 정도로 충만하게 보내는 방법에 대해 공부하고 직접 몸으로 깨닫는 데 쓰기 시작했습니다. 그리고 그 고통스럽고도 지난했던 과정에서 제가 알게 된, 그리고 저에게 실질적인 도움이 된 몇 가지 사실들을 이제 이야기하고자 합니다.

1

처음 이 길에 들어섰을 때, 저는 지나치게 젊었고, 지나치게 무모했습니다. 어쩌면 그 무모함이 유일한 자산이었습니다. 이십 대 중반의 저는 제법 당돌했습니다. 무언가를 시작할 때 사람들은 대개 자기가 무엇을 하고 있는지 알고 있다고 믿습니다. 하지만 그 믿음은 착각이며, 착각은 때때로 생존에 유리한 방탄유리가 되기도 합니다. 저는 그런 방탄 착각을 몇 년 동안 껴입고 살았습니다.

사업을 시작하기 전 제가 경험한 조직이란 초급장교 생활이 전부였습니다. 돌이켜 보면 그 경험은 저에게 '프로세스'와 '책임감', 그리고 '어떻게든 버티는' 체력을 가르쳐 주었습니다. 군대라는 곳은, 시키면 합니다. 묻지 않습니다. 묻는 순간 곤란해지고, 고민하는 순간 늦습니다. 모든 것이 명확했습니다.

그러나 사회는 달랐습니다. 특히 '사업'이라

는 정글은 그야말로 아프리카 초원 한복판과도 같았습니다(지금도 그렇지만요). 질문이 넘쳐났습니다. 왜 해야 하는가, 어떻게 해야 하는가, 누구와 해야 하는가. 제가 겪어본 군 생활이라는 경험은 불행히도 사업가로서 필요한 수많은 것들을 가르쳐 주지 못했습니다. 예를 들어, '회계'나 '세금'처럼 숫자로 증명되는 냉혹한 현실 감각, 혹은 '마케팅'처럼 사람들의 보이지 않는 욕망을 읽어내는 감수성 같은 것들 말입니다.

무엇보다, 상명하복의 지휘 체계가 아닌, 각기 다른 생각을 가진 사람들을 설득하고 동기를 부여하며 하나의 목표를 향해 나아가게 만드는, 그런 종류의 리더십에 대해서는 완전히 무지했습니다.

늘 모든 질문에 대답해야 했고, 대답은 항상

정답이어야 했습니다. 정답이 아니면 매출이 떨어지고, 손익이 악화되고, 직원이 떠났습니다. 조직은 생각보다 냉정합니다. 잘못된 판단은 아주 구체적인 손실로 돌아옵니다. 눈앞의 숫자로 바뀝니다. 손에 잡히는 실패가 됩니다.

처음 몇 년은 그러한 실패들이 연쇄적으로 일어났습니다. 그 시절의 하루하루는 이렇게 설명할 수 있습니다. 낮에는 현장에서 물에 빠진 사람처럼 허우적거렸고, 밤에는 불안이 묵직한 담요처럼 내려앉아 잠을 막았습니다. 그렇게 저는 '어른'이 되어 갔습니다. 사업가로서의 어른이란 부끄러울 것 없이 단순합니다. 살아남는 사람입니다.

2

지금 와서 돌이켜 보면, 그때의 저는 선택을

굉장히 많이 했습니다. 지금보다 훨씬 많은 선택을 했습니다. 신중한 선택이라기보다는, 일단 결정하고 부딪히는 선택들이었습니다. 주방 인테리어를 어떻게 할지, 어떤 메뉴를 만들지, 책 한 권을 어떻게 세상에 내놓을지… 하루에도 수십 가지씩 판단해야 했습니다.

매출, 프로세스, 워크플로우, 회계, 세금, 조직 관리 같은 단어들이 머릿속에서 뒤엉켜, 한곳에 집중하지 못하고 당장 일어나는 불을 끄기에 급급했습니다. 한밤중에 걸려오는 전화를 받고, 통장 잔고를 확인하며 가슴을 졸였습니다.

대부분은 엉망이었습니다. 인격적으로도 미숙한 데다 경험도 없었으니, 지금 그 결정을 곱씹어 보자면 이불을 머리끝까지 덮고 발버둥 치고 싶을 정도입니다.

그러나 다행히 이 글을 쓰는 동안에도, 정확히 어떤 선택이었던지 잘 떠오르지 않습니다. 기억이 깔끔하게 지워졌습니다. 아마 살아남기 위해 그랬을 것입니다. 인간은 생존을 위해 때때로 자기 기억마저 포기합니다. 과거에 지속해서 얽매인다는 것, 특히나 저처럼 예민한 기질을 가진 사람에게는 그것이 얼마나 위험한 일인지 깨달았던 것 같습니다. "그때 그 선택을 하지 말았어야 했다"라는 후회는, 미래에 대한 걱정과 해보지 않은 것들에 대한 불안으로 이어지기에 십상입니다. 그리고 그 불안은 결국, 지금 당장 해야 할 일에 쏟아야 할 현재의 시간을 잠식시킵니다.

'신의 한 수'라고 생각했던 성공의 기억 역시 마찬가지입니다. 그 달콤한 기억에 취해 현재를 안일하게 대처하게 될까 봐 두려웠습니다. 성공이든 실패든, 과거는 그저 과거일 뿐입니다. 나쁜 기억을 빨리 지우고, 다시 다음을 향해 뛰기 위해서입니다. 저는 새벽에 울리는 알람처럼 다시 일어나야 했고, 다시 선택해야 했습니다. 과거의 실패나 성공을 오래 붙들고 있으면 다음 기회를 놓칩니다. 저는 그걸 본능적으로 알고 있었습니다.

3

그럼에도 불구하고 제 마음속에 오직 하나의 생각은 끈질기게 박혀 있었습니다. 오래 하고 싶다. 아주 오래. 이것은 어떤 거창한 성공이나 부에 대한 열망이라기보다는, 차라리 살아남고 싶다는 본능에 가까운 다짐이었습니다. 대충 버티며 오래가고 싶었던 것이 아닙니다. 정말 잘하면서 오래가고 싶었습니다.

이 말을 꺼내면 사람들은 종종 되묻습니다.

어떻게 '잘, 오래' 할 수 있느냐고. 대답은 단순합니다.

- 내가 하는 일이 지구상에서 나만 하는 일일 리가 없다.
- 누군가는 이미 이 길을 걸었고, 살아남았고, 잘해냈다.
- 그렇다면 이 일의 난이도는 인간이 해결 가능한 수준일 것이다.
- 그렇다면 나도 할 수 있을 것이다.
- 그리고 이왕 시작했다면, 대충 하지 말고, '진짜 잘'해보자.
- 인생은 생각보다 기니까. 오래오래 이 일로 행복과 성취를 맛보자.

저는 제가 특별하다고 생각하지 않습니다. 머리가 남들보다 뛰어난 것도 아니고, 남을 찍어

누르는 맷집이 강한 것도 아니었습니다. 저는 기질 자체가 악과 깡이 있는 성격이 아닙니다. 오히려 소심하고 예민한 쪽에 가깝습니다.

그러니까 저는 '천재의 전략'을 쓸 수 없었습니다. 재능으로 승부할 수 없다면, 어설프게 머리를 굴리며 요행을 바랄 것이 아니라, 그저 묵묵히 해보는 수밖에 없다고 생각했습니다. 그렇다면 남는 전략은 단 하나입니다. 꾸준히, 제대로, 오래. 잘할 때까지, 안될 때까지, 될 때까지.

저는 적어도 똥인지 된장인지 찍어 먹어 봐야 알 수 있다고 생각합니다. 마찬가지로 사업도 일도 결국 해봐야 압니다. 해보다가 망할 수도 있습니다. 그러면 다시 하면 됩니다.

4

그리고 10년이 지났습니다. 책상 위 달력의 숫자가 바뀌는 것을 열 번쯤 보고 나니, 문득 그런 생각이 들었습니다. 십 년이라는 숫자는 참 묘합니다. 짧은 것 같은데 결코 짧지 않습니다. 길다고 단정하기엔 또 너무 짧습니다.

누군가는 이 10년 동안 회사를 몇 백억, 몇 천억 규모로 키웠을 것입니다. 어떤 이는 스타트업을 세 번쯤 엑싯했을지도 모릅니다. 또 다른 이는 조용히 회사를 접고 새로운 삶을 시작했을 수 있습니다. 사람마다 시간의 무게는 다릅니다.

저에게 10년은 한마디로 '생존'이었습니다. 잘난 척하기엔 민망하고, 비참하다고 하기엔 꽤 열심히 살았습니다. 밤새 작업한 날 만큼 새벽에 방향성을 고민하며 깨어 있던 날이 많았습니다.

사람을 뽑는 일은 늘 긴장감이 있었고, 사람을 놓아보내는 일은 자주 마음을 후벼팠습니다. 매장의 공사 소음이 귀를 찢을 듯 울리는 동안에도, 미래의 소음을 계산해야 했습니다.

그렇게 10년을 건너왔습니다. 격렬했던 감정은 잊어버리고, 그저 매일 해야 할 일을 처리하며, 꾸역꾸역 시간을 통과해 온 것입니다.

그 모든 시간이 지나고 보니, 저는 전보다 조금 더 단단해졌습니다. 조금 더 영리해졌습니다. 아주 조금. 그러나 그 '아주 조금' 덕분에 오늘의 위기를 넘길 수 있습니다.

10년 전, 아프리카 초원 한복판 같은 곳에 서 있던 저와는 조금 다른 제가 서 있었습니다. 여전히 모르는 것투성이지만, 적어도 무엇을 모르는지는 아는, 그리고 어디로 가야 할지 어렴풋이나마 방향 감각을 가진 제가 서 있었습니다. 그게 쌓이면 미래의 큰 산도 넘을 수 있을 것이라 믿습니다. 사업이란, 일이란, 인생이란 결국 작은 '아주 조금'의 집합이라고 생각하기 때문입니다.

그리고 이건 제가 알게 된 영업 비밀 같은 것인데요, 사실 이 세상의 거의 대부분의 것들은 결국 '조합'과 '조화'의 영역입니다. 음악, 글, 그림은 물론이거니와 음식, 반도체와 같은 것들까지 무수한 모든 것들이 조합(의도적인 선택에 의한)과 조화(잘 버무려지게 하는)의 연속이기도, 영역이기도 합니다. 가장 대중적인 것에 대한 공식은 언제나 '익숙하면서도 새로운 것'이죠.

5
지속 가능한 일이라는 것이 있습니다. 요즘

사람들은 자주 이 말을 씁니다. ESG, 지속 가능, 서스테이너블… 듣기만 해도 뭔가 있어 보이는 단어들입니다.

하지만 사업가의 지속 가능함은 훨씬 더 원시적입니다. 몸이 버텨야 합니다. 돈이 버텨야 합니다. 마음이 버텨야 합니다. 이 세 가지 중 하나라도 무너지면, 지속이라는 단어는 존재하지 않습니다. 젊을 때는 몸이 버텼고, 운 좋게 마음도 버텼습니다. 그리고 때때로 돈이 버티지 못해도 몸과 마음이 대신 달려가고, 두 손으로 무너진 숫자를 짚어 일으켜 세웠습니다.

그런데 이제는 다릅니다. 10년 전의 원동력, 즉 무지와 불안을 연료 삼아 앞만 보고 달리던 방식으로는 이제 움직일 수 없습니다. 아니, 움직여서는 안 된다는 것을 압니다. 그렇게 달리다가는 언젠가 완전히 소진되어 버릴 테니까요.

몸은 확실히 예전 같지 않습니다. 마음은 여전히 꿈을 꾸지만, 미묘한 피로가 생각을 더디게 합니다. 돈은 여전히 제각각의 속도로 움직입니다. 이 모든 것의 균형을 잡아야 합니다. 그래야 오래 갑니다.

10년 전의 방식으로 10년 후를 갈 수는 없습니다. 새로운 시스템이 필요합니다. 더 좋은 사람들이 필요합니다. 무엇보다 냉정한 나 자신이 필요합니다.

냉정함이란 무겁고, 감정은 가벼워 보이지만 사실 감정이 조금 더 무겁습니다. 그래서 그 둘을 매일 조율합니다. 잘하고 싶다는 욕망과, 지켜야 한다는 현실 사이에서 균형을 잡습니다. 발목은 현실에 단단히 박고, 머리는 아직도 조금은 구름 속을 날게 둡니다. 그게 저만의 지속의 방식입니다.

6

고생이 몸에 좋은 약초 같은 것이라는 말은 진부합니다. 실제로 고생은 대부분 독에 가깝습니다. 다만, 적정량의 독은 근육을 만듭니다. 근육은 버티는 힘입니다. 버티는 힘이 쌓이면 살아남습니다.

저는 아직도 그런 독을 조금씩 삼키고 있습니다. 쓴 약처럼 씁지도 않고 삼킵니다. 목이 멜 때도 있습니다. 그러나 삼킵니다. 오래가고 싶기 때문입니다.

그리고 어쩌면 그 독은 이미 저를 어딘가로

데려다 놓았습니다. 10년 전에 보지 못했던 장소로. 낯설지만 이상하게 익숙한, 다음 장면이 기다리는 곳으로.

아직은 발을 딛고 있을 뿐입니다. 여기서 더 걸어가야 합니다. 더 오래 걸을 것입니다. 그 과정에서 저는 또 조금씩 변할 것입니다. 조금씩 더 단단해지고, 조금씩 더 지혜로워질 것입니다. 아주 조금씩이지만 말이죠.

7

장기전에 필요한 건 속도보다 방향이고, 열정보다 회복력입니다. 회복력의 핵심은 필요 이상으로 과거를 기억하지 않는 능력입니다.

실패는 한 번만 써보고 버리는 일회용 컵이면 좋겠습니다. 과거의 수치심을 줄자로 삼아 현재를 재단하지 않겠습니다. 자책은 습관이 됩니다. 습관은 조직과 삶을 파괴합니다.

이제 조금은 알 것 같습니다. 문제를 해결하는 것과 나 자신을 고문하는 것은 전혀 다른 행동이라는 걸 말이죠.

8

지금 제가 바라는 것은 거창하지 않습니다. 10년 전의 그 다짐과 같은 문장이지만, 이제는 그 무게와 의미가 사뭇 다릅니다.

오래오래 이 일을 하고 싶습니다. 잘하고 싶습니다. 사람들이 사랑해 주는 방식으로, 스스로도 자랑스러운 방식으로, 한 걸음씩 오래 걷고 싶습니다.

10년 전에는 그저 "버티고 싶다"라는 생존의 구호였다면, 지금은 '어떻게' 잘 지속할 것인가에 대한 구체적인 질문이 되었습니다.

지금의 저에게 필요한 것은 지속 가능한 체력, 지속 가능한 열정, 지속 가능한 조직, 그리고 지속 가능한 관계입니다.

10년 전에는 제 한 몸만 건사하면 됐습니다. 지금은 수십 명의 삶이 제 결정과 함께 움직입니다. 그 무게를 잘 다루고 싶습니다. 무너지지 않게, 흔들려도 쓰러지지 않게.

9

저는 10년 동안 시장에서 살았고, 시장에 뜨거운 물과 찬물이 있다는 걸 배웠습니다. 고객은 냉정하고, 숫자는 거짓말하지 않고, 사람은 변하고, 세상은 예측할 수 없습니다.

하지만 한 가지는 명확합니다. 살아남는 사람은 계속 걷는 사람입니다. 멈추지 않는 사람입니다. 과거를 등에 지고도 앞으로 가는 사람입니다.

10

이제 저는 또 다른 10년을 준비합니다. 이전의 10년과는 전혀 다른 10년입니다.

속도는 줄이고, 깊이를 늘릴 것입니다. 체력은 아껴 쓰고, 사람을 믿을 것입니다. 불안에 매달리지 않고, 계획에 시간을 쏠 것입니다.

저의 예민함을 약점이 아니라, 오히려 더 나은 결과물을 만들어내는 '결'로 다듬어가는 방법.

초조해하지 않고, 함부로 들뜨지 않고, 매일의 작은 성과와 루틴 속에서 단단한 기쁨을 찾아내는 방법. 그것이 다음 10년의 과제입니다.

어쩌면 이 글을 읽는 누군가도 지금 비슷한 진통을 겪고 있을지 모릅니다. 불안한 마음, 흔들리는 미래, 잠이 오지 않는 밤. 결국 그 모든 감각이 우리를 더 단단하게 만듭니다. 가끔은 아주 못되게 굴지만, 결국은 우리를 다음 장면으로 데려갑니다.

11

바라는 것이 있다면 이것입니다. 10년 후에도 저는 이 자리에 있을 것입니다. 똑같지 않은 모습으로, 지금보다 더 성숙하고, 조금 더 지혜로워져서, 조금 더 여유로운 걸음으로. 처음처럼 시작하는 기분으로, 다만 더 오래갈 마음으로.

아직 끝이 아닙니다. 오히려 지금부터입니다. 다음 10년은, 더 잘할 것입니다. 더 오래갈 것입니다. 확신합니다. 그것이 제가 이 길을 선택한 이유이며, 여전히 이 길 위에 서 있는 이유입니다.

인생은 단거리 경주가 아닙니다. 많은 실수와 아주 약간의 성장으로 이루어진 매우 긴 마라톤입니다. 저는 달립니다. 천천히라도 계속 달립니다. 멀리 가기 위해서입니다.

지극히 간단히 말하자면, 그런 얘기입니다. 10년이라는 시간은 저에게 대단한 성공이나 깨달음을 가져다주진 않았을지 몰라도, 적어도 '지속한다'는 것의 의미에 대해 조금은 알게 해주었습니다. 그리고 어쩌면, 그것이야말로 제가 이 초원에서 얻은 가장 큰 수확일지도 모르겠습니다.

장기전에 필요한 건
속도보다 방향이고,
열정보다 회복력입니다.

회복력의 핵심은
필요 이상으로
과거를 기억하지 않는
능력입니다.

Epilogue

가장 긴 밤을 지나
'우리'의 낮을 열기 위해

**이제 자신만의 길 위에서,
삶의 소중함을 손에 쥔 당신에게**

'어떻게 살아야 하는가.'

물음표조차 필요 없는 이 묵직한 문장이 요즘 제 머릿속을 가득 채우고 있습니다. 꽤 어린 시절부터 시작된 이 질문에, 한때 저는 누구보다 명확한 답을 안다고 자부했습니다.

어떤 자리에서든 확신에 차 있었고, 제 일이 자랑스러웠으며, 무엇이든 이뤄낼 수 있을 것만 같았습니다. 겸손한 척했지만, 속내는 그렇지 않았던, 손가락 몇 번으로 나이를 셀 수 있었던 그 시절의 저는 '어떻게 살아야 하는가'에 대한 답을 확신했습니다.

그러나 인생은 오만한 자에게 가장 혹독한 방식으로 겸손을 가르쳤습니다. 상상해 봅니다. 무리한 확장으로 사업이 완전히 무너지고, "이럴 거면 왜 함께하자고 했냐"라는 직원들의 원망과 "거봐라, 그럴 줄 알았다"라는 세상의 비웃음 속에 홀로 남겨지는 아찔한 순간을. 상상은 곧 현실이 되었습니다. 17억 원의 빚더미 위에서 내일이 보이지 않아 삶을 포기하고 싶었던, 제 인생의 가장 길고 어두운 밤이 시작된 것입니다.

제 생일은 공교롭게도 일 년 중 밤이 가장 길다는 '동지(冬至)'입니다. 그래서였을까요? 저는 가장 긴 밤의 끝에서야 비로소 낮이 다시 길어지기 시작한다는 자연의 순리를 온몸으로 깨달았습니다.

극심한 고통과 절망은 사람을 무너뜨리기도 하지만, 동시에 이전과는 비교할 수 없는 깊이의 인격적 성숙과 삶에 대한 통찰을 선물합니다. 제게 닥친 위기는 저를 나약하게 만들었지만, 그 누구도 흉내 낼 수 없는 단단한 '맷집'이라는 선물을 남겼습니다. 저는 그 혹독한 시련을 원망의 대상이 아닌, 저를 성장시키러 온 '귀한 손님'으로 대하기 시작했습니다.

그 맷집을 바탕으로 저는 묵묵히 내실을 다졌습니다. 2019년 5월, 모두가 고개를 젓던 연남동의 낡은 중국집 자리에 카페 공명을 열었습니다. "이런 곳에 카페가 되겠냐"라는 우려 속에서도, 저에게는 이거 아니면 안 된다는 간절함이 전부였습니다. '안 되는 건 없다. 안 되는 건 하지 않았을 때 나오는 결과일 뿐이다'라는 믿음 하나로 버텼습니다.

그 결과는 지금 눈앞에 펼쳐져 있습니다. 카페 공명은 5년 연속 서울 상위 1퍼센트 매출을 기록하며 5년 만에 6호점 오픈을 앞두고 있습니다. 과거의 제가 확신했던 행복의 순간들이 눈앞에 펼쳐졌습니다. '긴 시간 치열한 고민 끝에 내린 결정이 시장에서 좋은 반응을 보일 때', '우리의 고생이 값진 성과로 보상받을 때', '기쁜 소식을 안고 사랑하는 사람과 기쁨을 나눌 때'. 이 모든 순간을 경험하며 죽어도 여한이 없다는 말에 공감하곤 했습니다.

그러나 요즘 저는, 그 행복의 궤도를 넘어선 곳에서 새로운 질문을 마주합니다. 개인의 성취만으로는 진정한 만족을 얻을 수 없다는 것을 깨달은 순간, 제 삶의 화두는 바뀌었습니다. "어떻게 살아야 하는가?"라는 질문은 "어떻게 함께 잘 살 수 있을까?"라는 더 크고 무거운 숙제로 진화한 것입니다.

이 바뀐 질문은 평생 안고 가야 할 숙제임을 직감합니다. 시대는 변하고, 지금 함께하는 동료들은 저와 같이 나이 들 것이며, 새로운 인재들은 또 다른 기대와 고민을 안고 합류할 것이기 때문입니다. 나의 행복을 넘어, '우리'의 행복을 고민하는 것. 그것이 지금의 제가 찾은 "어떻게 살아야 하는가?"에 대한 새로운 답입니다.

이 깨달음 이후, 우리 팀에는 '빠이라이팅'이라는 독특한 문화가 자리 잡았습니다. 제가 늘 외치는 '빠이팅'과 '가스라이팅'을 합친 이 우스

갯소리는, 안 하면 안 될 것 같은 긍정적인 분위기를 만듭니다. 밖에서 보면 유별나다 싶을지 몰라도, 저는 이 문화가 우리 팀의 가장 큰 강점이라 자부합니다. 이는 팀원 각자가 자신의 일을 사랑하고, 서로를 존중하며, 공동의 목표를 향해 진심을 다하고 있다는 가장 강력한 증거입니다.

이러한 팀워크는 하버드 경영 대학원의 에이미 에드먼슨(Amy Edmondson) 교수가 강조한 '심리적 안전감(Psychological Safety)'이 높은 팀이 어떻게 탁월한 성과를 내는지를 보여주는 실제 사례가 되었습니다. 실패에 대한 두려움 없이 서로를 믿고 지지하는 문화 속에서 1년 전 출간한 책이 다시 베스트셀러 1위에 오르는 역주행 신화를 썼고, '베스트셀러 대주주'라는 기분 좋은 별명도 얻었습니다. 1등을 경험해 본 조직에는 패배 의식과는 다른, '1등의 DNA'가 새겨집니다.

10년 전 회사를 처음 꾸릴 때의 저와 지금의 저는 다른 사람입니다. 마음과 책임은 더 무거워졌지만, 결정은 더 가볍고 빨라졌습니다. 저 혼자서는 절대 해낼 수 없다는 것을 알기에, 더 잘할 수 있을 것이라는 믿음의 9할은 이제 동료들에게서 나옵니다.

입사를 확정한 면접자의 반짝이는 눈과 퇴사를 결심한 직원의 얼굴을 보며 매일 다짐합니다. 이들이 함께했던 시간, '(주)필름'이라는 한 줄이 그들의 이력서에서 가장 알차고 자랑스러운 경력이 되게 만들겠다고 말이죠.

결국 저의 목표는, 잘 사는 것에 대한 저마다의 답을 찾을 수 있는 환경을 만들어, 나와 함께하는 모든 사람이 '나 진짜 잘 살고 있구나'라고 느낄 수 있게 만드는 조직과 리더가 되는 것입니다. 넘치는 꿈이 있고, 함께하는 찬란한 사람들이 곁에 있습니다. 그들에게 보답할 방법은 단 하나입니다.

그런 저에게 스스로 다짐해 봅니다. 정답을 찾았다는 오만한 생각을 하지 않기를. 일과 사랑이 사람을 성숙하게 만든다는 본질을 잃지 않기를. 늘 인생이라는 모순 속에서 조화로움을 유지하며, 요행이 아닌 용기와 고민으로 결과를 만들어내기를. 그리하여 저와 함께하는 모두가 삶과 일, 그리고 행복의 완벽한 균형을 이루는 조직을 반드시 만들어내기를 바랍니다. 그것이 저의 가장 긴 밤이 지나고 온전한 낮을 맞이한 지금, 제가 살아가는 이유이자 방식입니다.

헤맨 만큼 내 땅이다

초판 1쇄 발행 2025년 11월 26일

지은이 김상현
펴낸이 김상현

콘텐츠사업본부장 유재선
출판팀장 전수현 **책임편집** 심재헌 **편집** 윤정기 **디자인** 김예리 권성민
마케팅파트 이영섭 남소현 최문실 김선영 배성경
미디어파트 김예은 정선영 정영원 정수아
경영지원 이관행 김준하 안지선 김지우

펴낸곳 (주)필름
등록번호 제2019-000002호 **등록일자** 2019년 01월 08일
주소 서울시 영등포구 영등포로 150, 생각공장 당산 A1409
전화 070-4141-8210 **팩스** 070-7614-8226
이메일 book@feelmgroup.com

필름출판사 '우리의 이야기는 영화다'
우리는 작가의 문체와 색을 온전하게 담아낼 수 있는 방법을 고민하며 책을 펴내고 있습니다.
스쳐가는 일상을 기록하는 당신의 시선 그리고 시선 속 삶의 풍경을 책에 상영하고 싶습니다.
홈페이지 feelmgroup.com   **인스타그램** instagram.com/feelmbook

ⓒ 김상현, 2025

ISBN 979-11-93262-80-1(03810)

- 이 책 내용의 일부 또는 전부를 재사용하려면 반드시 필름출판사의 동의를 얻어야 합니다.
- 책값은 뒤표지에 있습니다. 잘못 만들어진 책은 구입처에서 교환해 드립니다.

〈헤맨 만큼 내 땅이다〉
출간 기념 이벤트

카페 공명 전 지점
무료 음료 1잔과 디저트 10% 할인

- 지점별 판매하는 음료 중 1잔 선택 가능합니다.
- 디저트류 구매 시 10% 할인 혜택을 추가로 드립니다.
- 카페 공명 전 지점에서 사용 가능합니다.
- 주문 시 직원에게 쿠폰을 절취하여 제시해 주세요.

카페 공명 인스타그램을 팔로우하고
자세한 위치와 다양한 혜택을 확인하세요.
@cafegm_

카페 공명 전 지점
FREE COUPON
무료 음료 1잔 + 디저트 10% 할인
사용 기한 없음